哲学史入門Ⅲ

現象学・分析哲学から現代思想まで

谷 徹 Tani Toru

飯田 隆 Iida Takashi

清家竜介 Seike Ryusuke

宮﨑裕助 Miyazaki Yusuke

國分功一郎 Kokubun Koichiro

斎藤哲也［編］ Saito Tetsuya

NHK出

721

はじめに

『哲学史入門』第三巻へようこそ！

本書は、聞き書き形式で哲学史を語っていく『哲学史入門』全三巻の最終巻にあたります。第一巻では、古代ギリシア哲学からルネサンス哲学までを、第二巻では、一七世紀から一九世紀までの西洋近代哲学史を取り上げました。最終巻となる本巻は、いよいよ二〇世紀西洋の現代哲学・現代思想に入門します。

指南役に迎えるのは、谷徹さん、飯田隆さん、清家竜介さん、宮﨑裕助さんの四人。この四方に、それぞれ現象学、分析哲学、フランクフルト学派を中心とした社会哲学、フランス現代思想について、インタビューしています。そして巻末では、國分功一郎さんに「哲学史を学ぶ意義」を語っていただき、本シリーズは幕を閉じます。

前巻の「はじめに」でも申し上げたことですが、第三巻だからといって、第一巻と第二巻を読んでいないと理解できないということはありません。また、どの巻にも言えることですが、各章の内容は独立しているので、興味のある哲学者やトピックが扱われている章から読むことができます。

さて、思いっきり引いた視点で、二〇世紀の現代哲学・現代思想を見渡すと、（ドイツ・フランスを中心とした）大陸系と英米系という二つの潮流に分けられます。その両潮流を形作ってきた哲学が、本巻前半二章で取り上げる現象学と分析哲学です。

ほぼ同時期に産声をあげた現象学と分析哲学は、二一世紀の現在に至るまで、深化をとげながらカバーする分野も広がっています。しかしながら、どちらも独特の「入門しがたさ」があって、入門の段階で挫折《ざせつ》する人が多い。

登山に喩《たと》えるなら、どちらも頂《いただ》きは険しく、登りはじめるだけでも相応のトレーニングや装備が必要です。それぞれの章の指南役である谷さんと飯田さんは、ともに頂上まで登りつめ、大勢の登山者を育て上げてきたプロフェッショナルです。

インタビューでは、急所や難所も熟知している二人の大先達に、必要な装備（概念）や地図（系譜）、その登り方（方法論）まで、懇切丁寧にレクチャーしてもらいました。二人のライブ感あふれる語りは、これから入門しようとする人、あるいは一度挫折したけれど再挑戦してみようという人の背中を押してくれるはずです。

ドイツとフランスの現代思想を取り上げる後半二章では、社会哲学を専門とする清家さんと、デリダ研究者の宮﨑さんを指南役に迎えています。

清家さんには、かつて僕が編集した『現代思想入門』（ＰＨＰエディターズ・グループ）でフランクフルト学派の解説原稿を執筆してもらいました。その勢いのある筆致と同様、今回のインタビューでも歯切れのよい語りに脱帽しました。

宮﨑さんは、雑誌やウェブメディアでの寄稿や発言を読むにつけ、その該博な知識や視野の広さに舌を巻くことしきりでした。深い思想理解に裏打ちされた、絶品のフランス現代思想解説を堪能ください。

掉尾《ちょうび》を飾る國分さんは、なんとカントの『純粋理性批判』を引きながら、哲学史を学ぶ意義について語ってくれました。これじたいが出色の哲学史講義となっており、インタビュアーという立場を忘れて、聞き惚《ほ》れてしまいました。

三巻目の「はじめに」ともなると、前口上も屋上屋を架さざるをえないのですが、本巻も前二巻と同様、登場いただく研究者の語り口や息づかいが聞こえてくるような、臨場感あふれる構成を心がけました。味わい深い脱線はもとより、ふと漏《も》れる本音やこぼれ話など、聞き書きならではの哲学史入門をお楽しみください。

各章の冒頭には、インタビューを読むうえで最低限知っておいたほうがいい基礎知識と、インタビューの読みどころを添えたイントロダクションを設けました。こちらで肩慣らしをして、インタビュー本編にお進みください。すでにある程度、哲学史に親しんでいる読者は、イントロダクションを飛ばしていきなりインタビューを読んでもかまいません。

また章末には、指南役が推薦する三〜四冊のブックガイドを掲載しています。ピンと来たものがあったら、本書の次に手にとってみてください。

シリーズ三巻のなかで、この巻をはじめて手に取った方は、気に入ったら第一巻、第二巻にも手を伸ばしていただけると、この巻の内容もいっそう深く理解できると思います。願わくば、シリーズ三冊を完走していただけると幸いです。

前置きはこのくらいにして、そろそろ二〇世紀哲学史の門をくぐりましょう。

哲学史入門Ⅲ　現象学・分析哲学から現代思想まで　目次

現象学　谷　徹　インタビュー：斎藤哲也……29

ＤＴＰ　角谷　剛
校閲　大河原晶子
図版作成　手塚貴子

第　1　章

現象学

――その核心と射程

谷　徹

谷　徹

たに・とおる

1954年、愛知県生まれ。

立命館大学文学部名誉教授・特任教授。

慶應義塾大学大学院文学研究科博士課程単位取得退学。

専門は哲学、倫理学（主に現象学と現代哲学）。博士（文学）。

主要著書

『意識の自然――現象学の可能性を拓く』（勁草書房、1998）

『これが現象学だ』（講談社現代新書、2002）

『暴力と人間存在』（マーティン・ジェイ、今村仁司らとの共著、筑摩書房、2008）

共編著

『他者の現象学Ⅲ――哲学と精神医学の臨界』
（河本英夫・松尾正共編、北斗出版、2004）

Aufnahme und Antwort: Phänomenologie in Japan I
（Königshausen & Neumann, C2011）

翻訳書

デトレフ・フォン・ウスラー『世界としての夢――夢の存在論と現象学』
（法政大学出版局、1990）

フッサール『ブリタニカ草稿――現象学の核心』（ちくま学芸文庫、2004）

フッサール『内的時間意識の現象学』（ちくま学芸文庫、2016）

イントロダクション

事象そのものへ！

斎藤哲也

本章で取り上げる現象学は、第2章で見る分析哲学と並んで、現代の哲学潮流を形作ってきた。現象学の活躍場所は、存在論や認識論といった、純粋な哲学的問題に限られない。たとえば「排除の現象学」「職場の現象学」「ケアの現象学」など、現象学を用いて生活現場を分析した本が途切れることなく刊行されている。それだけ現象学は応用範囲が広いのだ。

現象学がどのような哲学的営為なのかという点については、谷徹さんがインタビューでたっぷりと解説してくれている。このイントロダクションでは、インタビューにスムーズに入っていくための道案内として、最低限知っておいてほしいトピックや論点を紹介していこう。

現象学のモットー

現象学の創始者である**エトムント・フッサール**（一八五九—一九三八）は、もともと数学研究を志していた。数学は万人にとって普遍的だ。時代を問わず、場所を問わず「1＋1＝2」は成立する。では数や数学は何を基盤にして成立しているのか。デビュー作『算術の哲学』（一八九一）でフッサールは、数の起源を心理的な働きから説明しようとした。つまり数学を心理学によって基礎づけようとしたのだ。

数のような普遍的な概念を、個別的な心理を土台にして説明するのはおかしいのではないかという自己批判と他者からの批判によって、フッサールは再考する。そして格闘の末にたどり着いたのが「現象学」という新たな哲学の創出だった。

現象学が目指すのは、**あらゆる学問の始原を見いだすこと**だ。たとえば「1」という数や「犬」「木」といった抽象概念はどのように生まれるのか。事物はどのように存在しているのか。こういった問題を厳密に探求する哲学的な方法として現象学は誕生した。その基本的な発想は「**事象そのものへ**」というモットーで知られる。このモットーは、現実の直接経験に密着して知を探求することを意味している。

では、どうすれば現実の直接経験に密着できるのか。一九一三年に刊行した『純粋現象学と現象学的哲学のための諸構想』第一巻（通称『イデーンI』）のなかで、フッサールは「**現象学的還元**」という方法を提示する。

現象学的還元とは、意識の外に物が実在しているという思い込みをいったん差し止めて、関心を意識の場面に引き戻すことをいう。私たちはどうあがいても、意識の内側から外に出ることはできない。したがって、**意識という場面で起きている現象を、いっさいの先入観なしに記述し分析すること**が現象学の第一歩になる。インタビューに登場する谷徹さんの言葉を借りれば、「フッサールは、この根源的光景――「現象」と呼ばれる――を内的経験において詳細に分析することによって、最初に数学や論理学を基礎づけ、そして最終的に学問すべてを基礎づけようとした」のだ（フッサール『ブリタニカ草稿』谷徹訳、ちくま学芸文庫、訳者解説、二一二頁）。

フッサール現象学の深化

ざっくりとしたアウトラインだけを示せば、フッサール現象学では、私の意識が、数や（事物の）意味、言語、論理、存在、時間、空間、自我、身体などを構成する。この私の意識のことをフッサールは「**超越論的主観**」や「**超越論的自我**」と呼ぶ。手強《てごわ》そうな術語だが、「超越論的」の意味は、インタビューのなかで谷さんが丁寧に解説してくれているので、そちらを熟読してほしい。

現象学を学ぶうえでのキモは、意識という現場で、右に挙げたさまざまな事柄がどのように構成されるかを理解することにある。そこで決定的な役割を果たすのが「**志向性**」という概念だ。志向性は、たいていの教科書で「意識とは何かについての意識である」という言葉とともに、意識がなんらかの対象に向かう働きのことだと説明される。では、なぜ意識を分析するうえで、志向性がそれほど重要なのか。これもまたインタビューで、具体例を挙げながら明快に解説されている。

さて、フッサールの現象学は生涯を通じてたえず深化していった。とりわけ後期・晩年のフッサールは「**発生**」という観点を取り入れて現象学を練り直していった。インタビューでは、自我（「私」）の発生という問題に焦点が当てられている。自我を発生的に問うとは、自我に先立つ場面を問うことだ。自我に先立つ場面なのだから、超越論的主観による能動的な構成作用は働いていない。フッサールは「受動性」を掘り下げることで、**自我以前の**「**原自我**」、さらにそこから「**間主観性**」**という他者の問題**へと探求を進めていった。

間主観性について、簡単に補足しておこう。現象学では他者の存在は決して自明ではない。それもまた現象学的還元によって、意識の光景に引き戻さなければならない。そこからどのように他者は構成されるのか。教科書では、私が私と類似した身体を知覚したときに、「私がそこにいたならば」得るであろうという意識をその身体に移入することで、他我（他者の主観）が構成されると説明される。

たとえば、私と友人が教室の黒板を見ている場面を考えてほしい。このとき私は、友人の身体に自分の意識を移入し、そこから得られるであろうさまざまな現れ（黒板や黒板消し、チョーク、黒板の周囲の光景など）を感じ取ることで、他者（この場合は友人）の意識が構成される。少し乱暴にまとめれば、単なる物体である友人の身体に、私の意識を仮想的に移入することで、（私の意識にとっての）他者の主観がつくられると考えるわけだ。

こうした自己移入論にもとづいた間主観性の議論は、『デカルト的省察』（一九三一）で展開されているが、晩年のフッサールは、それとは異なる間主観性を発掘した。谷さんがインタビューで語っているのも、自己移入論とは異なる間主観性である。

現象学の継承――ハイデガー、メルロ＝ポンティ、サルトル

フッサールが創始した現象学は、その後、ハイデガーやサルトル、メルロ＝ポンティらによってさまざまな形で拡張されていった。以下、インタビューに関わる点について、簡単にガイドしておこう。

マルティン・ハイデガー（一八八九―一九七六）は、フッサールに現象学を学び、フッサールから「あなたと私が現象学だ」と認められながらも、やがて離反してしまった。その経緯は谷さんが翻訳した『ブリタニカ草稿』で詳しく解説されている。

インタビューでは、ハイデガーの「**世界内存在**」という概念が取り上げられている。世界内存在とは、世界のなかでさまざまな他者や事物と関わり合いながら生きている、現存在（＝人間）のあり方を指す言葉だ。

私たちは、箸やスプーンを使って食事をし、靴をはいて外に出かける。人間にとって、物は、自然科学的な客観的対象ではなく、まずもって何かのために使うものだ。このように現存在が物と関わるあり方を、ハイデガーは「**気遣《きづか》い**」と呼んでいる。

世界内存在や気遣いという概念は、人間（現存在）が常に物と何がしかの関係を結んでいることを表現している。その意味で、これらの概念は現象学の「志向性」を引き継いでいると言えるだろう。

フランスの哲学者**モーリス・メルロ＝ポンティ**（一九〇八—六一）には、『知覚の現象学』（一九四五）という著作があり、その序文がフッサール現象学のエッセンスを的確に伝えている。その一節を引用しておこう。

現象学は、「厳密学」たろうとする哲学の野心であるが、またそれと同時に、「生きられた」空間、時間、世界についての報告でもある。それは、われわれの経験の心理学的な発生や、科学者、歴史家、もしくは社会学者が提供しうるような、その因果的な説明を顧慮せずに、経験をあるがままに、直接、記述しようという試みである。

——『知覚の現象学』中島盛夫訳、法政大学出版局、一—二頁

同書の中心的なテーマは「身体」だ。メルロ＝ポンティにとって、身体とは健康診断で測定されるような客観的身体ではない。身体を通じて、私たちは世界に参入すると同時に、世界から「意味」を付与されている。こうした身体のあり方を、メルロ＝

ポンティは「**現象的身体**」と呼んだ。

谷さんは『意識の自然』という著書のなかで、メルロ゠ポンティに触れて「意識と世界との関係において、身体は媒介的な役割をはたすが、意識と他者との関係においても、身体はこれと似た役割をはたす」（『意識の自然』勁草書房、五五二頁）と述べている。メルロ゠ポンティの身体論がどのように他者の問題に通じているか。インタビューでは、フッサールの間主観性との関わりで解説してもらった。

実存主義の立役者である**ジャン゠ポール・サルトル**（一九〇五―八〇）もまた、現象学に魅了された哲学者だ。サルトルのパートナーだったシモーヌ・ド・ボーヴォワール（一九〇八―八六）は『女ざかり』という著書で、こんなエピソードを披露している。

一九三二年から三三年にかけて、サルトルとボーヴォワールは、レイモン・アロンとともにパリのカフェで語り合っていた。アロンはサルトルに、カクテルのコップを指して言った。「君が現象学者だったらこのカクテルについて語れるんだよ、そしてそれは哲学なんだ！」。サルトルは感動で青ざめたという。サルトルが現象学に覚醒した瞬間だ。

サルトルの主著『存在と無』（一九四三）の副題は「現象学的存在論の試み」であり、

フッサール現象学やハイデガーの現存在を分析した議論を援用しながら、人間存在の本質について深く掘り下げている。

インタビューで取り上げているのは、サルトルの他者論だ。これは『存在と無』第三部「対他存在」で議論されている内容である。「**対他存在**」とは「他者にとって現れる私」に向ける関心のありようのことを言う。たとえば「彼はきっと私のことを……と思っている」というふうに、「他者にとっての自分」に差し向ける関心のありようが「対他存在」である。

同じくフッサールやハイデガーから影響を受けていても、サルトルの他者論とメルロ＝ポンティの他者論は大きく異なることを、インタビューから読み取ってほしい。

インタビューの読みどころ

インタビューの主要な論点やトピックは紹介したので、それ以外の読みどころを列挙しておこう。

フッサールが現象学を創始した背景には、当時の学問的状況が深く関わっている。なぜフッサールは数学を基礎づけようとしたのか。また、イントロダクションで触れた現象学的還元や志向性という概念は、どのような経緯で着想されたのか。インタビューでは、現象学誕生の背景的な事情について、かなり詳しく解説してもらった。また、現象学だけではなく第2章で取り上げる分析哲学にも、ウィーンという場所が大きな影響を及ぼしている。それはいったいなぜなのか。これもインタビューの読みどころの一つだ。

フッサール現象学を理解するうえでは、(超越論的主観による)「**構成**」という概念は避けて通れない。一方、カントの認識論も「構成」が大きな役割を果たしている。インタビューでは、カントの「構成」とフッサールの「構成」との相違点についても解説してもらった。カントという補助線を引くことで、フッサールの認識論の独自性も理解しやすくなるはずだ。

インタビュー終盤では、現象学が二〇世紀、二一世紀を通じて、大きな影響力や拡散力を持ち続けている理由を尋ねている。冒頭に記したように、現象学は哲学以外の分野でもさまざまに応用されている。現象学がそれだけの思想運動たりえたのはなぜなのか。そして今後、どのような可能性が期待されるのか――。現象学研究の第一人者である谷さんの展望に耳を傾けたい。

現象学

谷 徹

インタビュー：斎藤哲也

現象学の背景

知の地盤喪失

――フッサールが創始した現象学は、どのような時代背景や学問状況から生まれたのでしょうか。

谷　哲学と数学という観点からお話ししましょう。いまの感覚だと、数学者と哲学者、もう少し広く言って自然科学者と哲学者は、別の種類の人間だとイメージしがちです。日本で言えば、数学者、自然科学者は理系で、哲学者は文系だと考えられていますね。

でも、デカルトにしろ、ライプニッツにしろ、カントもある意味でそうなんですけれど、みんな数学や自然科学にコミットしているわけです。彼らにとって、哲学と自然科学は別物ではなく、同じ知の枠組みのなかに入っている。というより、**哲学の知とは、自然科学を包括するような大きな知の枠組みだった**わけです。

実際、私が学生時代に村上陽一郎先生の授業で聞いたところでは、科学を意味する「サイエンス」という言葉が出てくるのは、一九世紀になってからのことです。しかも「サイエンティスト」の「イスト」は、ピアニストやヴァイオリニストと同じように、個別の専門家につける語尾なんですね。ですからサイエンティストも、自然科学という特定の知を扱う専門家という意味合いが強かった。それにくらべて、哲学者は大きな全体としての知を扱うと考えられていたようです。

ところが一九世紀のはじめに、ヘーゲルが出てきて哲学のボスになったものの、同じ世紀のうちに没落してしまう。ヘーゲルの没落というのは、大きな知の没落だと思うんですね。その背景を一言で説明するのは難しいんですが、たとえばマルクスは、物質的活動と物質的交通・交易こそが「現実生活の言葉」だと言いました。これは「イデオロギー」、すなわち「観念の言葉」と対比されています。あまり知られていないかもしれませんが、こうした言い方こそが、「生」を重視したヘーゲルの言葉が実は「生」の言葉でないという捉え方を広めたように思います。

　そういう傾向のなかで現実生活を見るとき、ヘーゲル哲学のような大きな知への信頼が低下していくんですね。代わって数学や論理学やそれらを活用する自然科学のほうが、現実を正しく捉えられるんじゃないかという考え方が一九世紀にドーンと広がっていきました。

　ところが一九世紀後半になると、自然科学を支えてきた数学にも危機が訪れます。たとえばユークリッド幾何学とは異なる非ユークリッド幾何学が成立する。もう少し後になると、数学者・論理学者のゴットロープ・フレーゲ（一八四八―一九二五）が数学を論理学的に基礎づけていきます。またその後、数学プロパーの領分でダフィット・ヒルベルト（一八六二―一九四三）という数学者が数学の無矛盾性を示そうとするプログラムを提示します。さまざまな人にとって、さまざまな仕方で、知のアプリオリ性の確保が重要に思われたのでしょう。そうしたなかで、バートランド・ラッセル（一八七二―一九七〇）によって、フレーゲの論理学には致命的なパラドックスが生じることが発見されてしまう。それをラッセルはフレーゲへの書簡で書いています。

余談ですが、フッサールに関連しているので言っておくと、ラッセルが発見したパラドックスは、エルンスト・ツェルメロ（一八七一―一九五三）というドイツの数学者も同じ時期に発見していて、最近は「ラッセル・ツェルメロのパラドックス」とも言われています。このツェルメロは、実はフッサールの同僚でして、自分が（ラッセルよりも先にということになるのですが、同じ）パラドックスを発見したことを、フッサールに話しているんですね。そのことをフッサールが自分の手記のなかに日付とともに記録しているんです。

話を戻しましょう。こんな具合に、一九世紀後半になると、数学や論理学も完全ではないことが明らかになったり、いろいろな体系が並び立ったりするようになった。そうすると、数学や論理学、自然科学といった知の基盤はどうなっているのかということが問題になってきます。それらは依《よ》って立つ地盤を見失っているのではないか。フッサールは、こうした**知の地盤喪失**をもっとも深刻に感じ取っていた。上空に舞い上がった数学を、地上の現実と結びつけなければいけない。イデオロギーを現実のほうに引っ張ってこなければいけないと言ったマルクスと、意外にもどこか似たような感じがありますね。

フッサールとベルクソン

――数学や論理学が、哲学に代わってさまざまな知を基礎づける土台になるかと思いきや、そちらも危機に陥った。知の基盤をいかに再構築するかということが、フッサールにとって大きな課題だったんですね。

谷　そうです。フッサールは、数学や論理学を含めた諸科学を、地上の現実生活に結びつけるのは哲学者の仕事だと考えた。そこで現象学というものを構想していくわけです。「現実生活」は、「現実」と「生（活）」という二つの言葉がくっついていますが、これをもう一歩進めれば、フッサールにとっての現実とは「**生の現実**」のことです。生の現実は、機械論では扱うことはできません。ただ、分子生物学などはそれを実現しようとするとも言えるわけで、それがどこまでうまくいくか、注視すべき試みなのですが、多くの人はそこに含まれる問題を実感していないかもしれません。

エトムント・フッサール
(1859–1938)

さて、それはそれとして、先ほど話した数

学の危機とは、機械論を支える数学が危うくなるということですが、それはまた同時に、機械論でない発想が必要なのではないかという問題意識につながります。それを歴史のなかでずっと地下水脈的に準備していたのが「生」「生活」という概念です。生、すなわち生きているということは、生きているものにとっていわば近すぎて、対象として捉えにくいのですが、ずっと重要な概念であり続けてきました。

フッサールの現象学は、この**生の側からもう一度哲学をやり直そうとする**ものです。これと軌を一にするのが、たとえば**アンリ・ベルクソン**（一八五九―一九四一）なんですね。もうちょっと遡《さかのぼ》ると、ドイツのヴィルヘルム・ディルタイ（一八三三―一九一一）が唱えた「精神科学」にも同様の発想が見受けられます。

――フッサールとベルクソンは同世代ですね。

谷　交流はなかったんですが、あるとき、フッサールの弟子のインガルデンがベルクソンについての博論を書き、それを彼に聞かせたことがあります。それを聞いたフッサールは「まったく、まるで私がベルクソンであるかのようだ」と叫んだ（笑）。つまりベルクソンが言おうとしていることと、自分がやろうとしていることに大きな共通性があることを認めているんですね。直接の交流はなくとも、ある時代のなかで課されている問題において、彼らの哲学の方向は重なっている。それを「生」という言葉でより強く主張したのはベルクソンかもしれません。ただ、よくよくフッサールの言葉を見てみると、「生」という言葉がいっぱい入っていることがわかる。そういう目で見ると、両者の哲学的な相似性が理解できるでしょう。

「経験」を重視するウィーン

――谷さんのご著書『これが現象学だ』には、「いささか極端に言えば、二〇世紀の哲学潮流はみな一九世紀末のウィーンで揺籃《ようらん》期を送ったのである」とあります。フッサール現象学には、ウィーンの影響も強く働いているわけですか。

谷　そうなんです。いまからお話しすることは、多くの人に受け入れられているわけではありませんが、私の見るところではウィーンとドイツでは知的風土がかなり違うんですね。

一九世紀は、ドイツがなんとか大国になろうとしていた時代です。これから国を強くしていくうえでは大学が重要な役割を担うということで、一九世紀から大学がより多くつくられるようになりました。ドイツの大学には、人間性の陶冶《とうや》を掲げるフンボルトの教育理念というものがあります。だから工業を重視した大学をつくっても、あるいは伝統的な大学で理系を拡充しても、人文教育も重要なわけですね。そこで前者に関わる自然科学と後者に関わる人文的な学問との関係をめぐって、哲学者の立場が問われます。そんな動向のなかに、のちに「新カント学派」として分類されていく人たちが含まれていたようです。

ヘーゲル哲学の没落後、新カント学派は、オットー・リープマン（一八四〇―一九一二）の「カントに帰れ」の呼びかけを引き受けて、自然科学のみならず、歴史や文化を含む精神科学を、広い意味でカント主義的に基礎づけようとした。これが当時のドイツの知的風土になりました。

それに対して、ウィーンではドイツとは少し様子が違って、「**経験**」**を重視する考え方**が広がっていました。自然科学も人文的な学問も、経験という概念でつなげられるのではないか。そういう発想がウィーンの知的風土を形作っていました。

その代表が**フランツ・ブレンターノ**（一八三八―一九一七）や**エルンスト・マッハ**（一八三八―一九一六）です。ブレンターノは、心理学にもとづいた哲学を研究していました。フッサールはこのブレンターノの講義を聞いて、哲学に「全身全霊を捧げる」ことを決意したんです。マッハは「マッハ1、マッハ2」という音速の命名の由来になっている物理学者として有名ですが、同時に独創的な哲学者でもありました。彼は科学の基礎を「経験」、より正確に言えば「感覚」に求める物理学的現象学を提唱しました。

ドイツでは自然科学と精神科学を分けたがる傾向がありますが、ウィーンは経験というものから学問が派生してきたという発想が強いわけです。

フッサールが生まれたプロスニッツ（現プロステヨフ）は、オーストリア帝国の小都市で、ウィーンに近い。彼はドイツの大学で勉強していた時期もありますが、そこで出会った、同郷の人であり、のちにチェコの初代大統領となるマサリクからアドバイスされたといったこともあって、ウィーンに戻り、先ほどのブレンターノに師事して哲学に目覚めました。ですからフッサールのなかにも、自然科学と精神科学という対立よりも「根底的なところに経験がある」というウィーン的な発想が根づいているわけです。経験は「生」という概念、あるいは生の現実と結びついている。そこから哲学を始めるべきであって、演繹《えんえき》的に上からやるべきではないというのが、現象学の根っこにある態度です。

ウィーンとイギリス、二つの「経験」

――ウィーンの知的風土に根ざす「経験」という概念は、イギリス経験論で言う経験とは違うものなんでしょうか。

谷　もちろんある点では似ていますが、それなりに違うんです。イギリス経験論においていったい何が大きな問題になったのか。イギリス経験論の源流まで遡ると、唯名論が重要な役割を果たしていたことがわかります。唯名論は、言語を単なる記号と見なし、現実との直接的な結びつきを否定する考え方です。

キリスト教神学の伝統では、「はじめにロゴス（言葉）があった」わけですから、言語で語れるものはこの世界と必ず結びついているという発想が非常に強いわけです。ルネサンス時代までは、この結びつきが非常に強かったのですが、唯名論によって、言語と現実の関連性がだんだんと疑問視されるようになりました。

その結果、イギリス経験論では、人間がこの現実を経験しているという側面はもちろんあるわけですが、それよりも現実を神の言語と切り離して捉えようという傾向が強まっていきます。そうすると、一方では、言語の「論理」が解放されて、逆説的でもありますが、論理学がいわば純粋な論理学として展開するようになり、他方で、それに依拠して現実を自然法則的に捉えようとする傾向がどうしても出てくる。広い意味で言う機械論的な世界観に近いようなものになっていくんです。

現象学と分析哲学

——興味深いことに、二〇世紀の二大哲学潮流である現象学と分析哲学は、どちらも世紀末のウィーンが深く関係していますね。分析哲学方面では、ウィトゲンシュタインがウィーン出身だし、ウィーンで論理実証主義が誕生するわけですから。

谷　この二つの哲学は、その源流が近いのに別々の海に流れ込むライン川とドナウ川のような関係にあるとも言われていますし、両者に関連する研究はいくつかありますね。そして、フッサールとウィトゲンシュタインについても、似ているところがあるんです。ウィトゲンシュタインにとって、言語と現実の関係は非常に重要な哲学的テーマでした。彼は前期哲学を集約した『論理哲学論考』（一九二二）で、論理と倫理は「語り得ない」と言っています。語れないとわざわざ言うのは、ウィトゲンシュタインはこの二つを極めて重要だと考えていたからです。後期になると「生活形式」というかたちで、生の現実と言語との関係を考える方向に向かっていきました。

フッサールも最初は数学者として、論理学や数学から知を基礎づけようとしていたんですが、数学じたいが危機に陥っているというので、生の現実に目を向けるわけです。

ここまでは似ているんですが、その後、分析哲学系は論理を特権化していくほうに向かってしまったんですね。その一番極端なのが論理実証主義です。数学論的あるいは機械論的に認められる命題以外は認めない。これは途中で行き詰まってしまうわけですね。

フッサールの現象学は、逆に、生の現実を非合理的に捉えず、生そのものが持つロゴスあるいはその自己ロゴス化運動に即して言語化しようというところからスタートしました。

この自己ロゴス化がどういうことかを説明したいと思いますが、さしあたり、日本語で「ことがら」の意味での「こと」と、言語の意味での「ことば」が同根であることを思い出してもらえれば、と思います。「こと」は生の現実あるいは経験において与えられますが、それは「ことば」から切り離されたものではありません。むしろ、「こと」は「ことば」になって、より明示的に現れようとします。

人間は、この「こと」から「ことば」への運動の媒介者あるいは媒体の役割を果たします。日本語はこのことをよく示していますね。しかし、英語でも経験的なsee（見る）と言語的なsay（言う）は同根ですし、ドイツ語でもsehen（見る）とsagen（言う）が同根であって、前項から後項へ移行することで「こと」がことさらに「ことば」として現れてくる、と見ることができますし、まさに生の言葉で言えば、そういうなります。こういう運動が生の運動です。

　そして、現象学というのは、現象と学すなわちロゴスの合成語であり、現象あるいは経験において現れてくる「こと」が、それだけではまだ十分に現れていないので、それをさらにロゴスすなわち「ことば」へとよりいっそう現れさせようとするものでもあります。現象学は、自分自身がこの動きのなかに入り込んで、それをよりいっそう自己実現する運動です。その意味で現象学は「**自己ロゴス化**」だということです。

　かくして現象学は、言語と生の現実を、もちろん同一視はしませんが、その基本構造に関して可能な限り近づけるとも言えるでしょう。それが「**現象学的記述**」と呼ばれるものです。その後のハイデガーにしろ、メルロ＝ポンティにしろ、現象学の系譜では経験や生のほうから言語や意味が生まれてくるという発想は共通しています。

現象学の急所

第一の難所──現象学的還元

　経験や生の現実というのは、そのつど、一回きりのもので、同じ経験は二度と繰り返されません。フッサールは、そういった一回的な経験に目を向けて、そこから普遍的なものを取り出そうとしたということですね。それは大変な困難を伴うような気がするんですが。

谷　まさにそうなんです。一回的なものと普遍的なものを並べると、対立してしまうわけですね。これをなんとか解消しようとしたのが、フッサールの考えた「**現象学的還元**」という発想です。

現象学的還元は、現象学に入門するうえで第一の難所なので、丁寧に説明しましょう。デカルト以来、心あるいは意識の内部と、その外部という二元論ないし二分法がいわば常識になっています。フッサール的に言えば「**自然的態度**」、そしてそこから派生する「**自然主義的態度**」の見方です。

その見方では、意識の外部をいったい誰が見るのか、という問題が生じてしまいます。ここではやや雑に言っておきますが、意識の外部というものも、「私」がそれを見て（直観して）こそ問題にすることができます。ですから、意識の内部・外部という二項対立を設定している「私」の意識——とさしあたり大雑把に言っておきますが——に戻ることが、この二項対立を乗り越える急所になります。これが現象学的還元の基本です。

この「私」を、「私」は「私」の外部から見ることができません。ところが、科学の自然主義的態度においては、いや日常の自然的態度においても、この「私」を忘却しており、それゆえに「私」をあたかも外部から「客観的」に見ることができるかのように思い描くわけです。まず、**「私」を忘却から、還元によって取り戻す**ことが必要になります。

――現象学的還元の説明では、よくマッハが描いた絵（図1）が持ち出されます。谷さんの『これが現象学だ』にも掲載されていました。

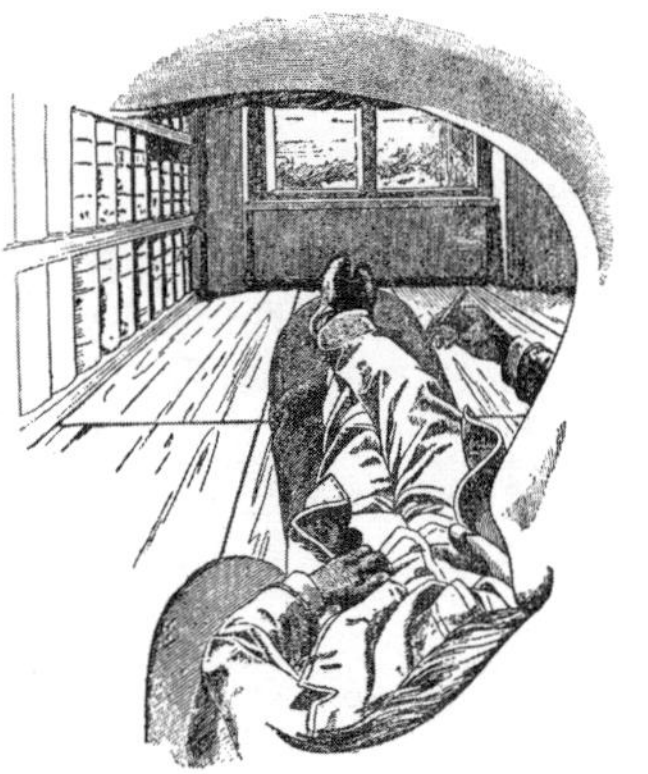

図1
Ernst Mach, *Die Analyse der Empfindungen*, 1992, Jena: Gustav Fischer

谷　この絵は、マッハがソファに横たわって右目を閉じて左目だけで見たときの光景です。自分の眼窩《がんか》の縁、鼻、口ひげに囲まれて、自分の手足や室内が見えている。フッサールはこうした主観的光景こそ根源的なもので、私たちが日常的に抱きがちな客観的な構図は、主観的光景から派生していると考えました。だから客観的な構図を、「私」を忘却しておらず取り戻しているという意味での主観的な光景に引き戻さなければならない。この作業こそが現象学的還元であり、自然的な態度にストップをかけることを「**エポケー**（**判断中止**）」と呼びます。

——自然的態度や自然主義的態度とは、たとえば「ペットボトルがそこにある」と言うとき、私の意識や表象とは独立に、ペットボトルが存在していると思い込んでいるということですよね。

谷　そうです。ペットボトルを直接見ていようが、触れていようが、それは表象の内側のことですね。私たちはどうあがいても、表象の外には出られません。にもかかわらず、このペットボトルが表象の外に存在していると思い込むのは非学問的です。だからその思い込みをエポケーして、私たちの目を表象の内部に戻さなければならないわけです。

「超越論的」とはどういう意味か

——フッサールの用語では、「超越論的」や「超越論的主観性」でつまずいてしまう人も多そうです。「超越論的」と言うとカントを思い浮かべますが、フッサールの言う「超越論的」や「超越論的主観」とはどういう意味なんでしょうか。

谷　いま、表象の外部にペットボトルが存在するというのは思い込みだという話をしましたね。「この表象の外部に存在する」ことを、フッサール現象学では「**超越している**」と考えるんです。だから私たちが、「そこにペットボトルがあるね」と言う場合、その「ある」は超越的な解釈になるんですね。

しかし、そういった表象を超越した存在は、実は表象の内部から出られない私たちが表象の内部で「**構成**」したものです。いや、いま「表象」という語で説明しましたが、フッサールの語法ではむしろ「**意識**」のほうがより適切でしょう。ドイツ語の「意識」はBewusstseinですが、これは「**意識されてある**」を意味します。「意識」は、その作用を含めて、それじたいが「意識されてある」のです。ただし、この「意識されてある」は、主題化可能ですが、しかしまずもって非主題的だということには注意すべきかと思います。が、それから見れば、ペットボトルの「超越的」な「ある」は、そうした非主題的な「意識されてある」ところの成分から派生的に構成されるのだ、ただし、そのことが忘却されている、というわけです。このような解明は「超越論的」です。

このように超越を、その構成にまで引き戻して問うことが、フッサールの言う「**超越論的**」ということになります。

超越論的主観性についても、その延長上で考えればよくて、先ほどのマッハの光景のような直接経験をする「私」と捉えればいいと思います。

ちなみに哲学史的に見て、フッサールの意味での超越論的主観性に近い「私」を発見している哲学者にパスカルがいます。パスカルには「人間とは考える葦《あし》である」という有名な言葉がありますね。この「考える葦」について、パスカルは「空間によって、宇宙は私を包み、一つの点として私を呑《の》む。思考によって、私は宇宙を包む」と書き記しています。

パスカルが、宇宙を包む私と、宇宙に包まれる私という両面で考えていることがわかる一節です。ここには、超越を構成に引き戻す超越論的主観性の運動がよく現れていると言えるでしょう。

このようにパスカルは空間的な超越を捉え直しましたが、時間的な超越についても同様のことが言えるでしょう。先ほど「一回的な経験」とか「普遍的なもの」とかが問題となりましたが、これらは「時間」を前提にしています。つまり、時間的に一回きりとか、時間的にいつも成り立っているとか、ということです。しかし、その「時間」そのものこそ、まさしく**第一の超越**であり、構成されたものなのです。「時間」とそれに依拠した「一回的」とか「普遍的」とかを、構成して包む超越論的主観性に引き戻して、その構成を根源から、そして内側から解明するのが現象学です。パラダイムの大転換ですね。

このことからわかるように、これは射程が実に広い問題で、同様に見れば、先の客観主義的な分子生物学や脳科学などもそこに引き戻すことになりますね。これは「ハード・プロブレム」と呼ばれる問題にもつながっています。

志向性の役割は「媒介・突破」

——現象学では、現象学的還元と並んで、「志向性」という概念が重要だと教わります。教科書的には、意識が何ものかに向かうことが志向性だと説明され、「意識は何ものかについての意識である」という表現でまとめられていますが、この説明では、現象学にとって志向性がなぜ大事なのか、うまくつかめない気がするんですが。

谷　「意識は何ものかについての意識である」ということだけで志向性を理解しようとすると、まったくつまらない感じがしますね。

——そうなんです。当たり前じゃないかと。

谷　現象学的還元から続けると、こういうことになります。現象学的還元とは、言ってみれば忘却した「私」の光景を取り戻すということです。取り戻したうえで、そこからいわゆる主観／客観という二項対立がどうして生じてくるのかを考えていく。フッサールはそうやって「意識の壮大な生体解剖」を試みたわけです。

この生体解剖のためにフッサールが出発点としたのが知覚です。言語や論理も知覚から基礎づけられると踏んだわけです。この基礎づけにはいくつかの特徴がありますが、その中心点を、私は「**媒介・突破**」というところに見ています。そして、この媒介・突破こそ志向性を理解するカギなんです。

たとえば「イエナの勝者」という言葉は、ただの物理的な音ではなくて意味を持ちます。「ワーテルローの敗者」も同様に意味を持ちますが、両者の意味はまったく異なる。

——「勝者」と「敗者」じゃ逆ですからね。

谷　そうです。にもかかわらず、両者は同じ対象、通常「ナポレオン」と呼ばれる対象を指し示していますね。このように、「イエナの勝者」「ワーテルローの敗者」という表現は、その「意味」を突破して、あるいは媒介にして、「対象」を指し示すんです。このように、「**意味」を媒介・突破して対象に向かうこと**を志向性といいます。

ここで重要なのは、意味じたいは対象化されていないということです。もし、それらの意味じたいを対象と見なしてしまうと、意味という対象と、ナポレオンのような対象とがどういう関係にあるのかが問われてしまう。私は対象を二重に持っていないのに。フッサールの媒介・突破は、こうした問題をいわばやすやすと通り抜けるものです。

この発想をフッサールはブレンターノから取り入れましたが、フッサールはブレンターノの不徹底さを批判してもいる。なぜなら、ブレンターノは還元を知らなかったからです。**媒介・突破の議論は、現象学的還元とセットになってはじめて整合的に成り立つ**ということがフッサールの現象学の急所になります。

知覚についても、同様のことが言えます。たとえばサイコロを知覚する場合、「3の目」や「5の目」が出ること（現出）が媒介・突破されて、対象としてのサイコロそれじたい（現出者）が志向されます。言い換えれば、「3の目」や「5の目」の現出は、そのまま対象あるいは現出者なのではなくて、むしろ「意味」であり、それらが媒介・突破されて、対象あるいは現出者それじたいが志向される、というわけです（**次頁の図2**）。こうした「3の目」や「5の目」の現出が、いわば貼り付けられたような形で現出者すなわちサイコロが構成されるのですね。フッサールはこれを**意味賦与《ふよ》**とも言っています。

いかにして現出するのか

――そうすると、フッサールの言う「現象」とは、サイコロで言えば「3の目」「5の目」

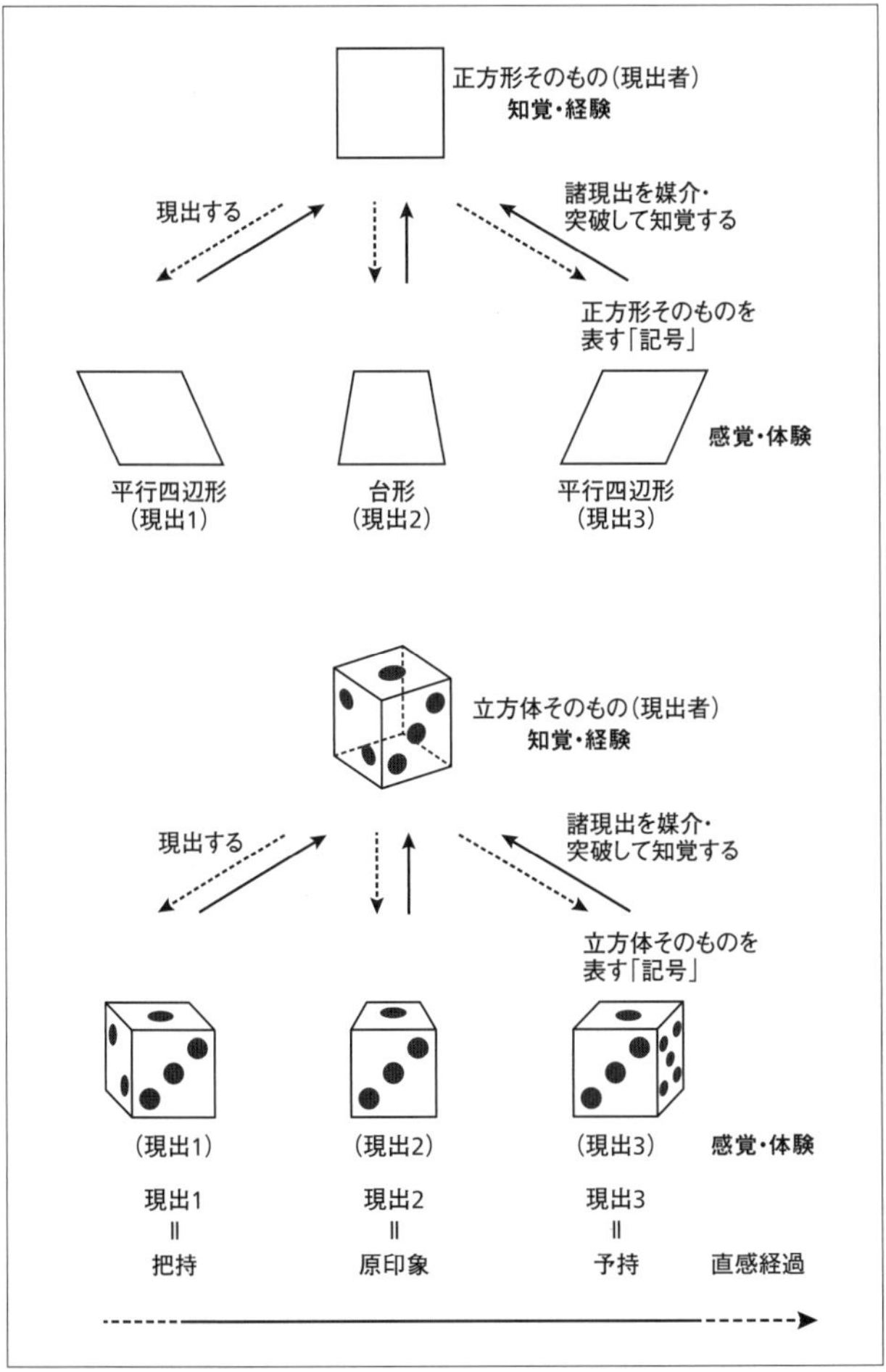

図2
谷徹『これが現象学だ』（講談社現代新書）、57頁

といった現出と、それを突破して志向されるサイコロという現出者をあわせた概念ということになるんでしょうか。

谷　そのとおりです。フッサール現象学とは、本質／現象という二項対立の一項である現象を扱う哲学であるという理解は不正確なんですね。あくまでも諸現出と現出者との関係から成り立つ現象を探究するのがフッサール現象学です。

同じ構造は、言語や知覚だけでなく、想起や予期、像の意識（絵画や彫像をまさに像として見るときの意識）や空想、他者経験においても成り立つ、とフッサールは考えます。そして、これらがみな諸現出－現出者という構造を持っていることから、これを「**普遍的な、相関関係のアプリオリ**」と呼びました。要するに、現出者は非主題的な諸現出（意味）を媒介・突破して主題として志向されるという相関関係を持つわけです。言語における「イエナの勝者」などとナポレオンとの関係、そして、知覚における「3の目」などとサイコロとの関係、両者は同じ基本構造を持つ相関関係のうちにあります。

――そうか。いわゆる自然的態度や自然主義的態度は、諸現出を無視して、現出者がそれじたいとして存在していると考えてしまうわけですね。だからそれをエポケーつまり判断中止して、諸現出－現出者という相関関係として現象学的還元する。ようやく現象学のキモが腑に落ちました。

谷　はい。あるいは逆に、現出それじたいを一種の対象と見なしてしまって、その結果、それと現出者としての対象とをいわば二重に設定してしまい、その関係が理解できなくなるということも起きますね。これもやはり誤解です。

そのうえで、さらに考察を進めてみましょう。ここまで来ると、そもそもいかにして現出が現出として成立するのかという問いが出てくるでしょう。現出者は現出を媒介にして志向される。このとき、意識にとって**主題的**なのは**現出者**であり、**現出**は**非主題的**です。

――サイコロの例で言えば、「3の目」「5の目」という現出は脇役で、主役は現出者であるサイコロということですね。

谷　そうですね。現出あるいは意味はいわば**半透明な**脇役ですが。

――とはいえ現出を媒介・突破しないと現出者は知覚されない。じゃあ、そもそも現出はどう成立するのかと、問いが深まってきたわけですね。

谷　そこで登場するのが「**受動的綜合**《そうごう》」という概念です。知覚においてすでに成立している綜合、しかも「私」が何かをする以前に成立してしまう綜合が受動的綜合ですが、これをフッサールは分析していきます。

そこでは、「私」が構成するものに先立って、そしてその限りで「私」とは「異質」という点で「私」にとって「外的」とも言えるような「何か」が触発してくる。それは、せいぜい、ただのばらばらな感覚でありそうなのに、それにもかかわらず、それが一定の「意味」としてのまとまりを形作る。それじしんで意味をいわば準備的に「つくる」とも言えるでしょう。心理学的な用語をあえて持ち込めば、ゲシュタルト形成とも言えます。それによって、「私」が疎遠なものを受け取る準備が整うわけです。フッサールはそれを受動的綜合と呼びました。

そこで、その何かの触発に対して、「私」が応答してそこに介入する。端的に言えば、それを明示化しようとする。そのとき、最初は単なる感覚だったものが、いわば完成された（ただし先にお話ししたように半透明である）意味として、つまり、現出者の現出として、解釈される。サイコロの「3の目」「5の目」もそうです。この解釈をフッサールは「**統握**《とうあく》」あるいは「**統覚**」という語で捉えていたのですが、その成立の根底に受動的綜合が生じているというわけです。

こうした受動的綜合の分析は、フッサールがますます生に接近したということを示してもいるでしょう。すなわち、生の基本運動である自己組織化と応答的な対象構成、これは最終的に言語を形作ることとしての言語化につながりますが、これを、その運動の外部からではなく内部で取り戻し、新たに活性化し、新たに形成していこうとするわけです。

「私」と「他者」はどのように成立するのか

カントの「構成」とフッサールの「構成」の違い

――フッサールの認識論を特徴づけるために、カントと比較してみたいと思います。カントの場合、外界の生のデータを、感性の直観形式と悟性《ごせい》のカテゴリーという枠組みが、認識として構成していきます。フッサールの場合も、対象は志向的に構成されるという言い方ができると思いますが、両者はどのように違うのでしょうか。

谷　カントの場合、「構成」に関連する概念がいくつかあります。それらは、総じて「つくる」ということを示しています。「ある」すなわち「存在」についても、イデアのように時間に先立つ次元で「ある」とか、キリスト教のように神によって「無」から創造されて、すなわち、極端に強い意味でつくられて「ある」というのではなくて、人間がそれなりに関わって「ある」が可能になるということが示されています。大雑把な言い方になりますが、こういう捉え方は近代以後の哲学の特徴だろうと思います。カントではそのことが明示的になりますね。

さて、カントにおける「認識」の仕方全体を構成として見ると、次のように言えるかと思います。すなわち、とくに『純粋理性批判』のカントでは、構成のための道具立てが、あらかじめできあがった道具立てとしては、ほぼ一〇〇％主観の側にあるんですね。経験が与えてくれるのは材料ないし素材だけ。たとえて言えば、料理法は全部、主観に入っていて、素材がやってくると、自動的に料理ができるというイメージです。

それに対して、フッサールの場合は、与えられた素材に対応して料理法が変わってくる。だからフッサールの考える構成は、**応答的な構成**なんですね。経験から与えられるものに対して、人間が応答して構成するわけです。直観形式やカテゴリーと呼ばれるものもそのように構成されたものです。

そして、その人間それじたいについても、たとえば現象学は、「私」を問いの出発点に据えながら、しかし、その「私」ですべてを完結させてしまうのではなく、むしろ「私」それじたいが成立してくる場面、すなわちそれに先立つ場面にまで遡って問いを進めていきます。これは、フッサールの用語では**受動性**と呼ばれる次元です。

先ほど言ったように、そこで「私」を超えたものが触発してきたり、呼びかけてきたりすると見る。現象学的還元は、「私」の内部で、逆説的にも、「私」の支配を超えたものが与えられることを開示するわけです。この意味での外部は、内部を内部として獲得する作業を通じてはじめて開示される、と言えるでしょう。それに応答する仕方で、「私」が成立するわけです。

ここでは**応答**ということが非常に重要な契機になっています。応答は、英語では「レスポンド」ですね。そして人間は、応答できる、つまりレスポンシブルです。世界が与えてくるものに対して、人間が応答する。人間のみならず、これを生物一般にまで押し広げていくと、**アフォーダンス理論**に接近します。

アフォーダンス（affordance）とは、アメリカの心理学者**ジェームズ・ギブソン**（一九〇四―七九）による造語ですが、これは世界あるいは環境が生物に対して提供する「意味」のことですね。「アフォード」は提供するという意味です。生物はその提供された情報に対して自分自身を適応させていく。こういう一種の応答をやっているという形で考えるわけです。

たとえばメルロ゠ポンティの場合には、身体を通じて人間が応答するという側面が強く出ます。身体は、それじたいは受動的でありながらも、応答していく機能も持っている。これがないと、プログラム通りに料理するだけの料理マシンみたいなもので、おいしい料理がとてもできそうにない。

メルロ＝ポンティがフッサールを引き受けてよく挙げる例を紹介しましょう。自分の手を外へ伸ばしていったときに、何かにぶつかるとしますね。でも、ぶつかるという経験は、対象にぶつかると同時に、対象が自分自身にぶつかってもいるわけです。そうすると、自分の身体は外部のいろんなものに「触っている」けれども、そこでは「触られる」ことが同時に起きている。そうやって、いったん自分を忘れて外に出ていって、自己回帰するという経験がいつも起きている場が身体です。だから現象学的な身体とは「**世界内身体**」、すなわち世界へと身を伸ばして、世界に内属しながら応答している身体なんですね。

モーリス・メルロ＝ポンティ
（1908–61）

「世界内存在」とは何か

――ハイデガーの「世界内存在」という概念にも、受動性や応答性があるように感じられます。

谷　基本的にそうだと思います。たとえばハイデガーには「本来的な自己」と「非本来的な自己」という概念がありますね。非本来的な自己は、自分を忘れて世界へ出ていってしまう。それが自分に戻ってきてはじめて「本来的な自己」になることができる。だから自分というものは、デカルトのように、最初からそれとして完結した形で存在しているわけではないことになります。

では、自分が内属している世界それじたいはどのように成立しているのか。ハイデガーの場合、それは歴史的な産物なんですね。世界というと物理的世界を考えてしまいますけれども、ハイデガーが考える世界は、物理的世界ではなくて文化的世界です。文化的世界は人間がつくるものです。

では、どのようにつくっているかというと、私はよく「閑《しずか》さや岩にしみ入る蟬《せみ》の声」という俳句を例にして説明します。この句は、セミの声に呼ばれて、それに人間が応答することで一つの作品になっている。あるいは苔《こけ》むした庭園がどのようにつくられるかといったら、そういう自然に呼ばれて、人間がその自然をつくる。

これをハイデガーに即して言えば、人間は個人としてあるわけではなくて、むしろ、人間がそこに投げ込まれた世界をさらに歴史的かつ共同体的につくり上げていく、こうすることではじめて、その世界に属することができるということになります。

この例では、ある人間たちは、最初から日本人であるとか、最初から日本人として存在しているというのではなく、日本的な文化的世界をつくることではじめて、**日本人であってきて**、これからも日本人であり続ける、といった具合です。日本人が日本人である、というのはこういうことですし、ドイツ人がドイツ人であるというのもこういうことだ、ということになりますね。

マルティン・ハイデガー
(1889–1976)
Keystone／時事通信フォト

——世界内で応答する存在が「世界内存在」なんですね。

谷 そうです。人間は結局のところ、**世界との関係のなかではじめて成り立つような「世界内存在」**である。そして、その世界内存在のいちばん根本的なあり方は呼ばれることに対する応答である。とくにハイデガーは言語的な応答を強調します。詩をつくるとはそういうことですね。ただのセミの声に応答して、人間の言語が詩として成立していく。そういう営みが文化や歴史をつくると考えるわけです。

しかし余計なことまで言うと、ナチスは、もう一回人間を根源まで引き戻して、ドイツ世界を、そしてドイツ人をつくり直そうとする運動だと、ハイデガーは一時信じてしまった。それがナチス政権に加担するという、大きな誤りを引き起こしたんだと思いますね。

「私」と「他者」との関係

――「応答」という問題と関わってきますが、フッサール現象学の「間主観性」もつかまえづらい概念だと思います。複数の人間の単なる主観の重なりではないわけですよね。

谷　おっしゃるように、間主観性はしばしば現象学の「つまずきの石」だと言われます。この問題は、「私」がどのようにして成立するのかという点から考えないといけません。まずもって、**図3**のように「私」と「他者」とを横並びに見るような見方を中止しなければなりません。というのも、そのように「横並びに見る」のはいわば心理学的な見方ですが、しかし、その見方を取っているまさにその「私」の成立こそが問題になるからです。すなわち、マッハ的な光景のなかに他者が登場してくる場面で（**図4**）、他者と「私」との関係を問わねばなりません。横並び的な「私」と「他者」の関係は**図3**のように描かれるでしょうが、ここで問題なのは**図4**のように描かれる場面です。これを**根源的な**「対面状況」と呼んでもよさそうですね。

このことを前提として、晩年のフッサールは、「私」に先立つ場面を「**原自我**」という概念から考察しています。原自我は、他ならぬこの「私」とともに、他の「私」の構成も可

図3

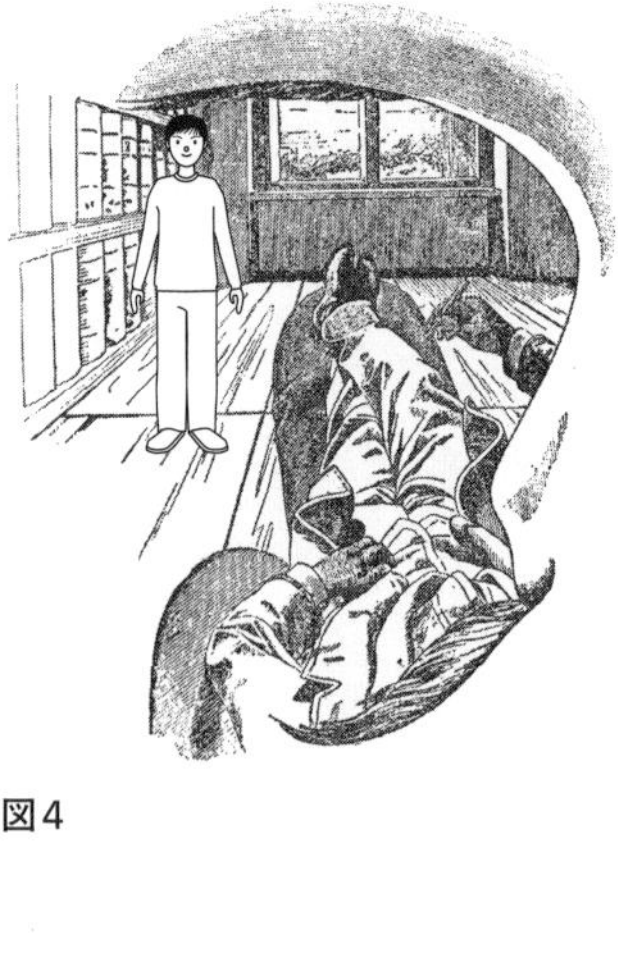

図4

能にするものです。したがって「私」をめぐる問いは、その問いの出発点である「私」それじたいの根源に、いまだ「私」ではない、すなわち「私」とは一定の差異性を持つ「原自我」を発掘することになります。原自我が差異性を持つのは、他者の「私」の根源でもあるからです。

いま、「いまだ「私」ではない」と言いましたが、しかし、これは「私」からその根源に遡ってはじめて発掘されるのですから、「私」と無関係ではありません。「私」と「原自我」は、問いの運動のなかで不可分です。言いかえれば、問いと無関係に、あらかじめ「原自我」がそれじたいで存在するというわけではありません――「私」を忘却した自然科学的な心理学の態度では、「原自我」がそれじたいで存在すると見なされてしまうかもしれませんが。その意味で、**「私」と「原自我」は不可分でありながら、それでも完全に同一ではない**、という矛盾した関係が成り立っているわけです。

このことをふまえて、間主観性の問題に入りましょう。原自我から「私」は構成されていく。このとき「私」がまさに「私」として構成されるためには、他の「私」すなわち「あなた」のほうが先に主題的かつ人称的なものとして構成されなければならないのです。原自我はまずもって志向的な主題として現れておらず、むしろ隠れていて、それが主題的な

「私」として現れてくるのは、他者が主題として構成されて現れ、それをいわば鏡として注視が戻ってきた後だということです。他者が媒介・突破的に現れることが先行するわけです。

その他方で、他者は、先に主題化されるとはいえ、「私」によって完全に捉えられるわけではありません。他者は「私」にとって根源的な接近不可能性を持ち続けます。他者は、「私」に完全に取り込まれるわけではないのです。このような重要な洞察は、あまり知られていないかもしれません。

ちなみに、主題的なものだけを問うのではなく、むしろ、主題にならずに隠れて働くものも同時に問うのが、現象学の特長でしょう。総じて、隠れていないで現れるものと隠れて働くものとの動的な関係が現象学にとって重要なのですが、それにもかかわらず、そうした隠れる側のものを無視したり、あるいはそれがあたかもそれ単独で現れている主題的なものであるかのように解釈されたりしてしまうと、誤解になるでしょうね。

間主観性と間身体性

谷　さて、さらに間主観性を可能にしているのはいったい何ぞや、と問うていくと、フッサールは十分には解明できなかった気もしますが、身体の考察がポイントになります。私たちの身体は、どうも主題化以前に、他の身体と対《つい》をつくってしまっている。別の言い方をすれば、人間同士は身体によって、身体が応答し合っている場面に開かれている。

そうすると、身体の機能と原自我の機能は大きく重なってくるわけですね。そしてその身体機能は常に、すでに世界と関わってしまっている。とどのつまり間主観性の場というのは、**身体が半ば外へ出て、ふたたび戻ってくることが可能になるような間身体性の場**と捉えることができます。

このことをわりとうまく言ったのはメルロ＝ポンティだと思うんですね。メルロ＝ポンティが考えた間身体性は、フッサールが考察した原自我の構造を身体論的に解明するような意味合いを持っています。身体図式は、まずもって自分じしんを主題化しないまま自分じしんを脱して外に向かってしまいます。その脱出を示すのにメルロ＝ポンティがよく使う例は鏡像ですね。幼児にとって鏡に映る像は、自分の像ではなく、さまざまな他者の像のうちの一つです。ですから、幼児は鏡像を「他者から見たときの自己の像」として学んでいくことになるんですね。

他者論の系譜

――なるほど。まず他者を介して、そこから「私」がここにいることを学ぶ格好になっていますね。

谷　ええ。メルロ＝ポンティの議論は、「**「あなた」を媒介にして、はじめて「私」になってくる**」という側面をうまく押し出しています。

ところがサルトルはそうじゃないんですね。サルトルの場合、他人のほうに出ていくというよりは、**他人に見られる経験によって「私」が成立する**という構図になっています。

ジャン＝ポール・サルトル
(1905–80)
Roger-Viollet via AFP

ややこしいのは、サルトルの意識も、メルロ＝ポンティとは別の意味で「外へ出ていく」というところです。「**脱自**」といって、自分を脱出しようとするんですが、「他者とともにある」という性質は欠いている。だから非常に個別的で孤独な意識なんですね。

この意識が、他者から見られたという受動性の経験をしたときにはじめて自我が成立する。サルトルが出している有名な例で言えば、「私」

は――いや、まだ「私」以前の意識ですが――覗《のぞ》きをやっているときに、その覗きをやっているところを他者に見られてしまう。そうすると覗き魔であるという存在が「私」に対して与えられる。これを「**対他存在**」といいます。「私は他者にとって……である」ということですね。

脱自は、自分を超えようとするわけですから、自由を本質とします。それなのに他者は、覗き魔という規定を押しつけてくる。それは自由を妨害するものなので、私と他者との関係は、いわば規定の押しつけ合いのような格好になるわけです。

だから、サルトルの場合には、他人が自分の鏡になるというよりは、他人は一方的に、カメラの監視装置のように自分をただひたすら見るようなものなんです。もしそれが双方向で起きるというように見ることができるならば、人間関係は「相克《そうこく》」の関係ですね。

――たしかにメルロ＝ポンティとくらべると、サルトルの意識は孤独ですね。

谷　他者に関しては、**エマニュエル・レヴィナス**（一九〇六―九五）にも触れておかなければいけません。レヴィナスの場合、**他者は「顔」として私の前に現れて、「私」に対して応答せよと命令を与えてくる**。「私」はそれに**応答責任**を負うわけです。

そうした他者に、「私」の志向性のほうから到達することはできません。フッサールの原自我は、先ほど言ったように、あくまでも「私」を問いの出発点にしています。その問いのなかから、「私」に先立つ原自我が発掘されるわけです。それに対してレヴィナスは、とにもかくにも他者が先なんですね。だから志向性が逆転しているとも言える。他者の呼びかけに応答することで、人は倫理的な主体たりえる。そうやって、他者との倫理的関係こそが根源的な場面だと見るのがレヴィナスです。先にお話しした「私」あるいはその支配を超えたものが、より強く際立てられることになります。

現象学の広がり

現象学が影響力を持ったのはなぜか

――現象学が二一世紀の現在に至るまで、大きな影響力や拡散力を持ったのはなぜでしょうか。

谷　現象学が大きく広がったのは、近代以降の知に対して、生の側、経験の側から自然科学も精神科学も基礎づける可能性を持つことにあったと思われます。いや、これでは不十分ですね。もっと広い文脈で言わなければならないかもしれません。

たとえば、天地は神が創造したというような説があります。それにもとづいて、われわれの「生」を解釈し、意味づけるような語り口にフッサールは批判的でした。しかしまた、科学の諸学説を同様に押しつけることにも批判的でした。それらはなにかを蔽《おお》い隠してしまうからです。

どんな教義や学説でも真理が成り立つのであれば、隠されている基盤があるはずです。そうした学説に先立って、基盤を発掘し、それを直観的に「見よ」というのが、フッサールのモットーです。そして、その基盤となるのが冒頭で話した「生」なんですね。実際、フッサールは現象学を「**学問的な生の哲学**」と言ったことがあります。

先に大きな原理を立て、そこからこの生を基礎づけるのではなくて、まさにこの生こそがすべての原理を基礎づける。現象学が広く受け入れられたのは、生の側から、現象学的還元や志向性分析という新たな方法論で生に接近し直し、生を捉え直し、言語で語り直す可能性を拓《ひら》いたからだと思われます。

フッサールは厳密な人なので、その理論構成もしっかりしています。具体的に言うと、彼は、諸学の基礎となる論理学をいちど形式論理学として整理したうえで、それをさらに直観・知覚から基礎づけるという試みを展開しました。しかもその途上で、さまざまな問題が浮かび上がり、そのつど、分析や考察を深めていきました。その範囲は、真理の問題を根底として、時間、存在、身体、他者あるいは間主観性、歴史、文化、死といった問題にまで及びます。

「小銭で支払う」発想

――フッサールがつくり上げた現象学の方法論は、応用可能性が大きいということですね。

谷　はい。しかも「生」に関わる問題次元は広大です。ハイデガー、サルトル、メルロ＝ポンティ、そしてフッサールに批判的でもありますが、ジャック・デリダ（一九三〇―二〇〇四）、ミシェル・アンリ（一九二二―二〇〇二）などが、それぞれ自分自身のかかえる問題に応用してみせました。ただしこの場合の応用は、普遍的な方法や法則を個別事象にあてはめるという意味ではなくて、フッサールの判断中止と同様、自分に呼びかけてくる問題事象に対して哲学者が応答するために、現象学を用いるという意味です。

ここで思い出しておきたいのですが、西田幾多郎（一八七〇―一九四五）や和辻哲郎（一八八九―一九六〇）などもフッサールとハイデガーをそれぞれに引き受けて独自の哲学、倫理学を樹立しましたね。その後もさまざまな研究が展開しています。また、東アジアに視野を広げても、同様の動向が見られます。

同様のことは、狭い意味での哲学の外部についても言えます。たとえば現象学的社会学のような社会学とか、精神医学では、現象学的な方法がさまざまに用いられています。それは、現象学が学問論的な厳密さを持ちながらも同時に開かれた哲学であったからでしょう。それを可能にしたのが「**事象そのものへ**」の精神です。事象そのものを見ること、直観すること、知覚することが重要である、ということです。そのアプローチの仕方を示したのがフッサールだったということだと思います。

これはまた、フッサールが好んだ言葉で言えば、「**小銭で支払う**」という発想と結びついています。問題事象は多様です。ヘーゲル哲学のように、高額紙幣でなんでも買える、すなわちすべての問題事象を大枠でくくってしまうような概念を用いる哲学ではなく、個々の事象――たとえばサイコロでもいいですし、ワイングラスでもいいでしょうが――にふさわしい分析をそのつど行うというのがフッサールの発想です。しかも、それが同時に普遍性を孕《はら》む、あるいは、事象ごとに対応する一定の媒介的な変形を通じて普遍性につながる、と言うことができるわけです。小銭を使い続けながら最後には、いや人間には遠すぎる「最後」かもしれませんが、大金も手にする。そんなことができるのか、と言う人もいるかもしれませんが、そうした可能性を拓いたのが現象学なのです。

――たしかに医療や看護、介護などの現場でも、現象学的な実践がなされていますね。

谷 生に近接した言語を持つというのは現象学の強みなんですね。先に述べたように、精神医学では、ビンスワンガー、ボス、ブランケンブルクなどが現象学を取り入れています。日本では、木村敏先生の「あいだ」の現象学的精神医学あるいは臨床哲学が世界的に知られていますね。また、たとえば看護では、看護師の語りを記述し、それを現象学的に分析していく人もいます。それに関連して言うと、「当事者研究」は面白い試みだと私は考えています。現象学という点から見ると、患者たちが自らの語らいを記述して、現象学的に分析するという可能性も拓かれてくるでしょう。

ただ、そもそも言語それじたいが間主観的に開かれていることをふまえるならば、患者だけの閉鎖言語は適切ではないように思います。「私」の語っていることは一人称ではありますが、単なる一人称ではない。「あなた」との会話のなか、「あなた」との反響のなかで、応答のなかで、一人称をいつも使っているわけです。そういう「反響の場」「応答のあいだ」を開くことが大切なんですね。

先ほども言いましたが、そもそも現象学が広く受け入れられたのは、こうした広い意味で応用可能だったからでしょう。そしてその実践においては、問題事象が「私」じしんに呼びかけてくるという体験が出発点です。そうした問題に応答することを可能にし、支援してくれる哲学が現象学なのです。

第1章ブックガイド　谷　徹

谷　徹『意識の自然——現象学の可能性を拓く』（勁草書房、一九九八）

フッサールの現象学の成立の経緯、その根本構造を示し、その後の現象学運動の展開を概観しながら、新たな可能性を示す。

野家啓一『無根拠からの出発』（勁草書房、一九九三）

現象学と英米系の哲学に通暁《つうぎょう》する著者が、両者の出発点とも言えるウィーンの思想的傾向を見据えながら、両者の関係を描き出している。体系的な書き下ろしでなくて論文集だが、読みやすい。

新田義弘『現象学』（岩波全書、一九七八↓講談社学術文庫、二〇一三）

刊行から年月が経ち、またかなり難解ではあるが、「現象学する」という態度に貫かれた不朽の研究書。後に「深さ」、「垂直性」、「超越論的媒体性」として展開する独自の現象学の出発点でもある。深く考えたい人にこそ推奨される。

＊本章の参考文献

渡辺恒夫『フッサール心理学宣言——他者の自明性がひび割れる時代に』講談社、二〇一三

第 2 章

分析哲学のゆくえ

——言語はいかに哲学の対象となったか

飯田 隆

飯田 隆《いいだ・たかし》

1948年、札幌市生まれ。慶應義塾大学名誉教授。
東京大学とミシガン大学で学び、熊本大学、千葉大学、
慶應義塾大学、日本大学で哲学を教えた。
専門は言語哲学。

主要著書

『言語哲学大全Ⅰ（論理と言語）』（勁草書房、1987→増補改訂版、2022）

『言語哲学大全Ⅱ（意味と様相　上）』（勁草書房、1989→増補改訂版、2023）

『言語哲学大全Ⅲ（意味と様相　下）』（勁草書房、1995→増補改訂版、2024）

『言語哲学大全Ⅳ（真理と意味）』（勁草書房、2002）

『クリプキ――ことばは意味をもてるか』（シリーズ・哲学のエッセンス、日本放送出版協会、2004→『規則と意味のパラドックス』ちくま学芸文庫、2016）

『新哲学対話――ソクラテスならどう考える?』（筑摩書房、2017）

『日本語と論理――哲学者、その謎に挑む』（NHK出版新書、2019）

『分析哲学 これからとこれまで』（勁草書房、2020）

共編著など

『哲学の歴史11――論理・数学・言語　20世紀　2　科学の世紀と哲学』（中央公論新社、2007）

『岩波講座哲学』1～15（共編、岩波書店、2008～2009）

大森荘蔵『大森荘蔵セレクション』（共編、平凡社ライブラリー、2011）

翻訳著

ヒラリー・パトナム『実在論と理性』（共訳、勁草書房、1992）

W. V. O. クワイン『論理的観点から――論理と哲学をめぐる九章』（勁草書房、1992）

イントロダクション

分析哲学が主流になった理由

斎藤哲也

本章では、二〇世紀初頭に産声をあげて以来、英米を中心に現代の哲学を牽引《けんいん》している「**分析哲学**」の歴史をたどっていく。

最初に「そもそも分析哲学とは何なのか」という問題に触れておこう。前章の現象学と違って、分析哲学は特定の哲学者が「これが分析哲学だ」と名付けて始めたものではない。また、分析哲学と括《くく》られる哲学者の議論も多岐にわたっており、それらに共通する方法や問題意識を取り出して定義づけるのは至難の業《わざ》だ。のちに述べるように、初期の分析哲学は形而上学を目の敵《かたき》にしていたが、現在では分析形而上学という分野が成立している。分析的政治哲学もあれば分析美学もある。ここはインタビューに登場いただく飯田隆さんの言葉を借りよう。

一見皮相に見えて、また、実際皮相なのだが、たぶん他の特徴づけよりも当たっているると思われるのは、「分析哲学」を、英語圏、とくにアメリカとイギリスのアカデミズム、つまり、大学の哲学科において主流となっている哲学と特徴づけることだろう。

——『分析哲学　これからとこれまで』勁草書房、六二頁

引用した文章に続けて、飯田さんは、英語の国際語化によって、分析哲学は世界規模でも、アカデミズムの主流の哲学になりつつあるのかもしれないと語っている。

では、いったいどういう経緯で分析哲学が生まれ、広がっていったのか。インタビューは、個々の哲学者のテクニカルな議論にはあまり踏み込まず、分析哲学の歴史を紐《ひも》解く内容になっている。とはいえ、その消息は錯綜《さくそう》していて、入門者は迷子になりやすい。そこでまず、図式的にインタビュー本編の骨格を示しておこう。

- 初期の分析哲学（一九世紀末〜二〇世紀初頭）

【主な哲学者】フレーゲ、ラッセル、前期ウィトゲンシュタイン

↓

- 論理実証主義（一九二〇年代～）

【主な哲学者】シュリック、カルナップ、エイヤー

↓

- 日常言語学派（一九四〇年代～六〇年代）

【主な哲学者】ライル、オースティン、ストローソン

↓

- アメリカ中心の分析哲学（二〇世紀後半～）

【主な哲学者】カルナップ、クワイン、クリプキ

以下、この流れに即して、インタビューを読むうえで押さえておきたい事柄を解説する。

フレーゲのイノベーション

分析哲学の源流として、最初に名前が挙がるのはドイツの数学者・論理学者**ゴット**

ロープ・フレーゲ（一八四八—一九二五）だ。フレーゲの功績は、論理学にイノベーションを起こし、新しい論理学を作り上げたことにある。

前章で見たように、フレーゲとフッサールはともに数学の危機に直面し、数学の土台を作り直そうとした。いかにして数学を基礎づけるか。フレーゲは論理主義を掲げ、論理学によって数学の土台を築こうとしたのだ。

しかし、アリストテレス以来の三段論法を中心とする論理学では、数学を基礎づけるには不十分だった。そこでフレーゲは、**数学の関数という考え方を論理学に導入し、新しい論理学を構築した**。その記念碑的な著作が『概念記法』（一八七九）である。

ほんの触りだけ紹介すると、たとえば「□は人間である」を関数と捉えると、「□」に入力する言葉によって、真か偽かが計算される。「ソクラテス」を入力すれば真だし、「ハチ公」を入力すれば偽となる。

当たり前じゃないかと思うかもしれないが、三段論法の論理学では、「より大きい」のような「関係」を扱うことはできなかった。また「すべての（どの）〜」や「ある〜」といった「量」が複数含まれる文も扱うことができない。たとえば、「どの数にもそれより大きな数がある、よって、最大の数は存在しない」といった推論の正しさは、三段論法の論理学では説明できない。

それに対してフレーゲのつくった新しい論理学は、述語（たとえば、「〜は—より大きい」）を関数とすることで「関係」を扱えるようにし、また、「どの数も〜」「〜な数がある」という複数の量を表現できる理論を開発したことで、いま挙げた推論がなぜ正しいかを説明できるようになった。

ラッセルの確定記述分析

フレーゲの新しい論理学を発展的に継承しながら、それを用いて日常的な言語（自然言語）の分析に取り組んだのがイギリスの哲学者**バートランド・ラッセル**（一八七二—一九七〇）だ。ここでは、ラッセルが一九〇五年の論文「表示について」で披露している有名な「確定記述」の分析を紹介しておこう。

確定記述とは、定冠詞「the」と名詞を組み合わせて、唯一の対象を表す語句のことだ。たとえば「The present Prime Minister of Japan（現在の日本の首相）」「The highest mountain in the world（世界で一番高い山）」は確定記述である。

だが「The present king of France（現在のフランス国王）」の場合、指示対象が現実には存在しない。ではラッセルは「現在のフランス国王は禿《は》げである」という文をどのように分析したのか。

ラッセルによれば、「現在のフランス国王は禿げである」を論理学を用いて分析すると、次のような内容を併せ持っている（①かつ②かつ③である）という。

①「現在のフランス王であるようなxが存在する」

②「xは禿げである」

③「xはただ一人だけ存在する」

「現在のフランス王は禿げである」が真であるためには、これら三つの条件すべてが真である必要がある。しかし、実際にはフランスには現在国王がいないのだから、①は偽だ。したがって①かつ②かつ③という内容を持つ「現在のフランス王は禿げである」は偽だと判断される。

日本語には定冠詞がないのでピンと来ないかもしれないが、この分析のキモは①〜③のように分解すると、定冠詞「the」が消去される点にある。それはつまるところ、確定記述は何かを指示しているのではなく、いくつかの文の組み合わせとして分析されるものである、ということだ。

自然言語の文章を眺めているだけでは、それが表す論理構造はなかなかわからない。**ラッセルは論理学という道具を使って、自然言語の文章から論理構造を明確に取り出す重要なテクニックを開発した**わけだ。

ウィトゲンシュタインから論理実証主義へ

フレーゲとラッセルが切り拓《ひら》いた論理学的な言語分析をさらに推し進めたのが、**ルートヴィヒ・ウィトゲンシュタイン**（一八八九―一九五一）である。

一九二一年に刊行された『論理哲学論考』（以下『論考』）の序文で、ウィトゲンシュタインは同書の意義を次のように述べている。

> 本書が全体としてもつ意義は、おおむね次のように要約されよう。およそ語られうることは明晰に語られうる。そして、論じえないことについては、ひとは沈黙せねばならない。

かくして、本書は思考に対して限界を引く。いや、むしろ、思考に対してではなく、思考されたことの表現に対してと言うべきだろう。……

したがって限界は言語においてのみ引かれうる。そして限界の向こう側は、ただナンセンスなのである。

――『論理哲学論考』野矢茂樹訳、岩波文庫、九―一〇頁

ここで述べられているように、ウィトゲンシュタインは、語りえること（有意味なこと）と語りえないこと（無意味なこと）との間に境界線を引くことで、人間には何が思考でき、何が思考できないのかを明らかにしようとした。そしてその**目論見は、神の存在や世界の本質、善とは何かなど、哲学が問題にしてきたような事柄はことごとく語りえない無意味なものであると示すこと**にあった。

『論考』によれば、有意味に語りえる、すなわち事実に照らして真か偽かを確定できるのは自然科学の営みであり、そこに哲学の出番はない。哲学の役割は、形而上学的なことを語ろうとする人の誤りを正し、「あなたはその命題のこれこれの記号にいかなる意味も与えていないと指摘する」（『論考』六・五三、同前、一四九頁）ことである。

ただしこのことは、ウィトゲンシュタインが形而上学や倫理のような問題をないが

しろにしたということではない。彼は「世界の意義は世界の外になければならない」(『論考』六・四一、同前、一四四頁)という。価値や生きる意味は、沈黙のなかでしか示されないのだ。

論理実証主義が目指したこと

この前期ウィトゲンシュタインの思想から大きな影響を受けたのが、「**論理実証主義**」という思想運動を展開した**ウィーン学団**である。

ウィトゲンシュタインとウィーン学団の影響関係や論理実証主義の国際的な広がりや盛衰については、インタビューで飯田さんがくわしく解説してくれているので、ここでは論理実証主義の思想を教科書的にまとめておこう。

論理実証主義は、命題を「**分析命題**」と「**総合命題**」とに分ける。この分類は、カントの分析判断と総合判断に由来する。分析命題とは、「すべての独身男性は未婚である」のように、言葉の定義から必然的に真偽が決まる命題のことだ。したがって新しい情報は加わらない。それに対して、総合命題は「地球は太陽の周りを公転する」のように、言葉の定義だけから真偽を判定できない命題のことである。

論理実証主義がカントと異なるのは、数学的命題を分析命題に含めたことだ。カントの場合、「分析／総合」のほかに「アプリオリ／アポステリオリ」という判断の分類があり、数学的命題は、アプリオリな総合判断とされる。アプリオリな総合判断とは、経験から独立している（アプリオリ）が、新しい情報が与えられる判断のことである。だが論理実証主義は、数学的判断を分析命題に含めたことで、分析命題とアプリオリな命題とが、総合命題とアポステリオリな命題とが同一視されるようになった。したがって、すべての命題は、論理によって正しいのでなければ、経験に基づいて正しいということになる。

こうした議論を通じて、**論理実証主義が目指すのは、科学的な方法で世界を理解すること**である。彼らは、哲学が伝統的に語ってきた形而上学的な議論は無意味であり、学問には不要と激しく敵視した。

一九二〇年代から三〇年代にかけて、ウィーンで隆盛を極めた論理実証主義は、四〇年代に入ると中心的なメンバーが英米に亡命し、運動としては実質的には崩壊する。以降、分析哲学の主要な舞台はアメリカ、イギリスを中心とする英語圏へと移っていく。

日常言語学派の登場

論理実証主義に続く分析哲学のステージは、一九四〇年代から六〇年代にかけて、イギリスのオックスフォード大学を中心に展開した「**日常言語学派**」である。代表的な人物として、**ギルバート・ライル**（一九〇〇―七六）、**ジョン・L・オースティン**（一九一一―六〇）、**ピーター・フレデリック・ストローソン**（一九一九―二〇〇六）の三人が挙げられる。

二〇世紀前半のイギリスで、哲学の中心といえばケンブリッジ大学だった。ケンブリッジには、先述したラッセルやウィトゲンシュタインの他、分析的な倫理学の草分けである**G・E・ムーア**（一八七三―一九五八）もいた。

終戦直後にライルは哲学教育の改革に取り組み、オックスフォードからもスター哲学者が次々と育っていった。その意味で日常言語学派は、オックスフォードの哲学を象徴する存在と言えるだろう。むろん日常言語学派も後世の括りにすぎないが、彼らは、**論理学を駆使した人工言語を分析対象とする論理実証主義者とは異なり、日常言語の分析を通じて哲学的な課題に取り組んだ**点で共通している。

たとえばオースティンは、論文「弁解の弁」のなかで、辞書を駆使して日常言語を哲学するユニークな方法論を説明している。方法は二通りある。一つは、ある概念（たとえば「弁解」）について「辞書を読み通し、関連があると思われる語をすべて列挙すること」（『オースティン哲学論文集』服部裕幸訳、勁草書房、二九七頁）。要するに、辞書の初めから終わりまで読んで、関連する語を拾っていくということだ。

もう一つは、ある概念に関連する語をあらかじめ選び出し、辞書でそれらの語を引き、その意味説明から関連語を拾っていくという方法だ。後者は、拾った関連語をさらに辞書で引き、またそこで拾った関連語を辞書で引いていくと「最終的に相互に関連する一群の語の集合が定まる」（同前）。こうした方法で取り出した関連語の用例を分析して、哲学的な問題発見につなげていくのだ。

飯田さんは、オースティンの日常言語の分析には「一見、哲学と何の関係もないと見えるいくつかの言い回しについての、鋭くはあるが細やかな観察が、伝統的な哲学的問題の解決に寄与する意図でなされるということの、意外さ」があると同時に、過去の哲学の「手垢《てあか》のついた言葉をすべて捨て去って、まったく新しい出発を可能とする考えのようにも見えよう」と評している（飯田隆編『哲学の歴史11――論理・数学・言語』中央公論新社、五八五―五八六頁）。

なお、今回のインタビューでは触れていないが、オースティンは「**言語行為論**」を提唱した哲学者としても有名だ。オースティンは『言語と行為』という著作のなかで、言語は事実を記述するものという言語観を批判し、言葉を用いることがそのまま宣誓や約束、要求、命名といった行為の遂行となることに目を向けた。たとえば、結婚式での「誓います」という発話は、世界の事実を記述するものではなく、結婚という行為を遂行するものである。

言語行為論は、その後もジョン・R・サール（一九三二―）らによって発展的に継承され、言語哲学の一分野をなしている重要な議論なので、知っておいて損はない。

アメリカ中心の分析哲学へ

第二次世界大戦後、イギリスでは日常言語学派の存在感が高まる一方、アメリカでは論理実証主義が着実に根付いていった。その立役者である**W・V・O・クワイン**（一九〇八―二〇〇〇）は、同時に、論理実証主義に根本的な批判を突き付けた人物でもあった。

論理実証主義への破綻宣告とでも言うべきクワインの論文が、一九五一年に発表された「経験主義の二つのドグマ」だ。ここでいう経験主義とは論理実証主義のことを指している。この論文でクワインは、論理実証主義が前提とする二つのドグマ（教義）が成立しないことを論証した。二つのドグマとは、「分析的真理と総合的真理とを明確に区別できる」という主張と「経験的言明は、それぞれ個別に、感覚的経験に関する言明に還元できる」という主張である。

この二つのドグマを否定したクワインは「**全体論**（**ホーリズム**）」を主張する。クワインによれば、知に関する言明は、個々別々に検証できるようなものではなく、さまざまな言明のネットワーク全体が検証の対象となる。したがって、分析的真理と総合的真理を明確に区別することもできない。

とすれば、クワインこそ論理実証主義の息の根を止めたと思ってしまうが、飯田さんによれば、論理実証主義を哲学的に終わらせた人物は別にいるという。それは誰なのか。インタビューのお楽しみにしておこう。

クワイン以降、分析哲学は多様化・専門化が進んでいく。それまでは分析哲学といえば言語分析と同義であったが、冒頭でも述べたように、分析哲学のフィールドは形而上学や美学、倫理学にも広がっていく。

インタビューの読みどころ

なによりも飯田さんの語り口を堪能してほしい。分析哲学は、フレーゲの活躍から一〇〇年を超える歴史を刻んでいる。だが、哲学の歴史を考えれば、たかだか一〇〇年とも言える。その分析哲学が、英語圏のスタンダードな哲学として定着したのはなぜなのか。分析哲学の第一人者である飯田さんには、哲学者の横顔やユニークなエピソードも挟み込みながら、分析哲学史の大きな見取り図を描いていただいた。**ルドルフ・カルナップ**（一八九一—一九七〇）とクワインの交流、日常言語学派へのウィトゲンシュタインの影響、**ソール・クリプキ**（一九四〇—二〇二二）の天才ぶりなど、聞き手が引き込まれるような語りが、文面から少しでも伝わっていることを願いたい。

終盤で触れられる「日本における分析哲学」は、類書にはないテーマだ。分析哲学は、いつ、どのようにして日本に入ってきたのか。日本のアカデミズムは、分析哲学をどのように遇してきたのか。日本の哲学史にとっても重要な論点だと思う。

インタビューでは、飯田さんの師である大森荘蔵《しょうぞう》のエピソードもたくさん語っていただいた。紙数やテーマの都合上、文章として収録することはできなかったので、この場を借りて、印象に残った話を紹介したい。

「大森さんの授業って、きっと戦前のウィトゲンシュタインの授業とか、クワインが感銘を受けたカルナップの議論と似たような刺激を学生に与えたんだと思うんですよ。ともかく大森さんは『そんなこと信じられないよ』という議論を延々とする。その後に学生が反論すると、反論に対してちゃんと議論して、やっつけられるわけですよ。そのころ大森さんの授業に出ていた人たちは『どうにかしてあの議論を潰したい』と考えるんだけど、なかなかうまくいかない」

聞くだに、そこに加わりたい気持ちが頭をもたげてくる。**分析哲学は、哲学のスタイルも大きく変えたのかもしれない**。実際、飯田さんは著書でこう語っている。

「哲学的議論を日常的に交わすことのできるグループやサークルの存在が重要であることは、分析哲学の歴史が示すことでもある。二〇世紀初めのラッセルとムーアを中心とするケンブリッジ、一九二〇年代から一九三〇年代にかけてのウィーン、一九四〇年代から一九五〇年代のオックスフォードといった、時と場所がすぐに思い浮かぶ。これに匹敵するような時と場所が、日本のなかにも存在するようになるのを夢想することは無駄なことだろうか」（前掲『分析哲学　これからとこれまで』、二六頁）。

分析哲学のゆくえ

飯田 隆
インタビュー：斎藤哲也

分析哲学の源流

――哲学史の教科書では、分析哲学はフレーゲに始まる論理学の革新から出発したというふうに説明されますが、フレーゲの論理学は哲学にどのようなインパクトを与えたんでしょうか。

飯田　フレーゲが哲学者として評価され始めたのは、一九七〇年代くらいからだと思います。彼は本来は数学者で、同時代的には新しい論理学を生み出したことよりも、それを使って自然数論を導く際にパラドックスに出会ってしまったことで有名でした。**分析哲学の基礎を据えたラッセルやウィトゲンシュタインはどちらもフレーゲから大きな影響を受**

けています。実は現象学を創始したフッサールもそうです。

フッサールとフレーゲは、フッサールが最初の著作『算術の哲学』（一八九一）をフレーゲに献本したのをきっかけに、文通を始めているんですね。フッサールは、フレーゲの『算術の基礎』（一八八四）から大いに刺激を受けたようです。その感謝の意を込めて『算術の哲学』を贈ったのでしょう。

ゴットロープ・フレーゲ
（1848–1925）

ところがフレーゲは、フッサールの『算術の哲学』を、その書評で徹底的に批判しました。それは酷《ひど》いものです。フレーゲは自分の仕事が正当に評価されていないと思っていたから、人に対してけっこう攻撃的になるんですよ。

フッサールは、フレーゲがそれなりに自分のことを理解してくれていると思っていたでしょうから、ショックだったでしょうね。それでも、フッサールの『論理学研究』第一巻は、フレーゲの批判を受け入れて書かれています。

——フレーゲとフッサールは似たような問題意識を持っていたんですか。

飯田　そうです。どちらも数や算術の基礎を求めようとしていたという点では同じです。ところがフッサールが『論理学研究』の第二巻を書いた頃から、二人の方向は大きく違っていきます。それが**大陸哲学と、のちに英米で主流となる分析哲学の分岐点**でしょう。このあたりの事情は、ダメットというイギリスの哲学者が『分析哲学の起源』という本のなかで詳しく論じています。

「言語論的転回」に至るまで

アリストテレスは間違っていた？

飯田　分析哲学のほうに話を戻しましょう。二〇世紀の初頭にラッセルは、フレーゲが生み出した新しい論理学に触れて、新しい論理学のおかげで、哲学は完全に新しい道に入ると考えたんです。逆に言えば、それまでの哲学は間違いだった。その原因は、**アリストテレスの論理学が間違っていたから**というのがラッセルの診断です。

たとえば『言語哲学大全Ⅰ』の冒頭でも書きましたが、アリストテレスの三段論法的な

論理学は、

（1）誰もが、誰かをねたんでいる。

（2）誰かが、誰もからねたまれている。

のような文には無力なんです。（2）は（1）を受動態にしているだけのように見えますが、二つの文の意味は違いますね。

――（1）は誰であっても、誰かしらをねたんでいるということですね。（2）は、ある人が全員からねたまれている。たしかに全然違います。不思議ですね。

飯田　アリストテレスの論理学ではその違いを分析できません。なぜかというと、アリストテレス論理学では、「ねたむ」のように目的語を取る他動詞や、「誰も」と「誰か」が組み合わされているような文をうまく扱うことができないからです。

しかもアリストテレスは、主語と述語から文ができあがると考え、それを存在論と重ね合わせてしまったため、世界は、主語に対応する実体と、述語に対応する属性とに分解されるといった形而上学になってしまうんですね。ラッセルに言わせると、ライプニッツのような、数学でも論理学でも優れた仕事をした哲学者でさえ、こうした誤った論理学から抜け出せなかったために誤った形而上学をつくってしまったということになります。

――そこで、フレーゲは（1）（2）のような文を分析できる論理学をつくったわけですね。

飯田　そうです。それが「**量化理論**」と呼ばれるもので、詳しくは述べませんが、現代の論理学をそれ以前の論理学から区別する、もっとも重要な理論です。

「言語論的転回」とは何か

飯田　ウィトゲンシュタインもまたフレーゲの著作に感心して、助言をもらおうとわざわざフレーゲを訪ねて行ったんです。でも、そのときフレーゲはもう高齢でしたから、ケンブリッジ大学のラッセルのところで学べとウィトゲンシュタインに勧めました。それでウィトゲンシュタインはラッセルに会いに行って、ケンブリッジ大学に入学したんです。

ラッセルとウィトゲンシュタインの交流に関してはいろいろなエピソードがありますが、とにかくラッセルはウィトゲンシュタインの才能に惚《ほ》れ込んでいました。ときには狂人のように見えたそうですが、ウィトゲンシュタインに人間的な迫力があったので、言っていることはよくわからないけど、きっと正しいだろう――、そういう感じで付き合っていたんじゃないでしょうか。

いや、ラッセルだけではなく、当時、ケンブリッジ大学でウィトゲンシュタインに出会った人はみんなそう思っていたでしょうね。

バートランド・ラッセル
(1872–1970)
オランダ国立公文書館

――付き合いづらい人だったんですね。

飯田　そうだと思います。いろいろと面倒な人だったのではないでしょうか。いずれにしても、ラッセルが新しい論理学に照らして過去の哲学は間違っていると言ったのに対して、**ウィトゲンシュタインはもっとはっきり、過去の哲学はすべてナンセンス、無意味だと言った**んです。『論考』にこういう一節があります。「哲学的なことがらについて書かれてきた命題や問いのほとんどは、誤っているのではなく、ナンセンスなのである」(『論考』四・〇〇三、野矢茂樹訳、岩波文庫、三九頁)。

――「過去の哲学は間違っている」というより、「過去の哲学は無意味だ」のほうがキツ

言語論的転回

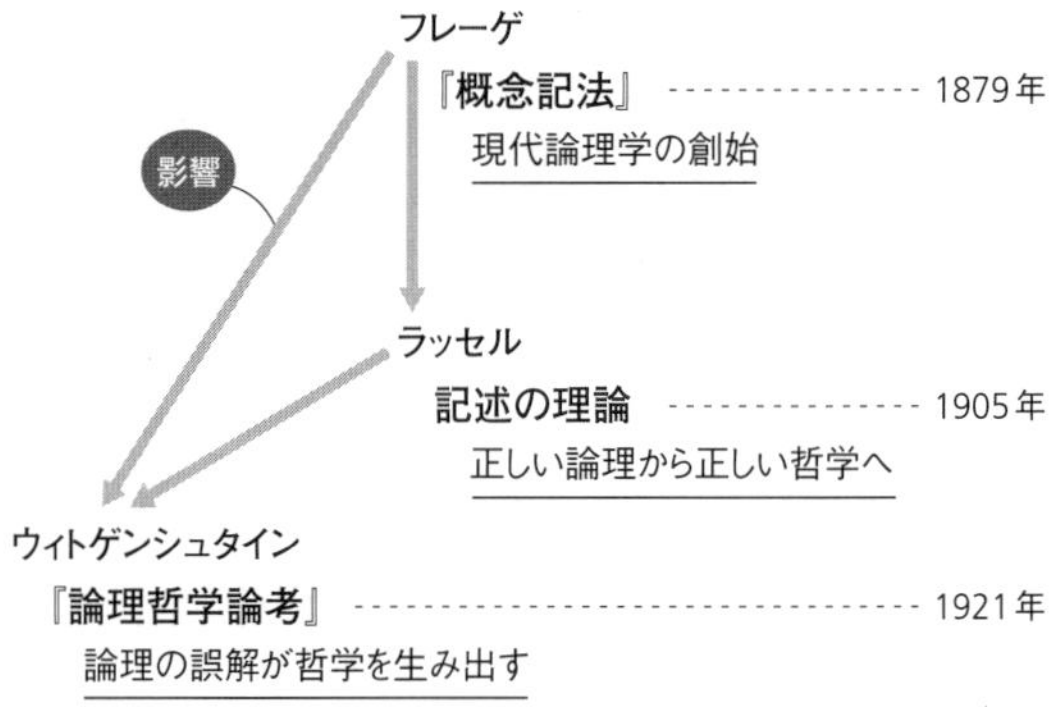

イ言い方なわけですね。

飯田　それはそうです。ラッセルは、誤った論理学が誤った哲学に導くと主張したのですから、正しい論理学によって問題を解決するという課題が哲学には残されていました。でも、ウィトゲンシュタインの『論考』では、哲学に残されていることは、哲学的主張や問いが無意味であると示すことしかありません。哲学の終焉《しゅうえん》を宣告したも同然です。

――ウィトゲンシュタインと関連して、分析哲学の歴史でよく語られる「言語論的転回」とはどういうことでしょうか。

飯田　「**言語論的転回**」は、リチャード・ローティ（一九三一―二〇〇七）というアメリカの哲学者が一九六七年に編集した *The Linguistic Turn* という

ルートヴィヒ・ウィトゲンシュタイン
(1889–1951)
オーストリア国立図書館
©Österreichische Nationalbibliothek

アンソロジーが出た後、一般的に使われるようになった言葉です。その意味するところは、**意識を考察する哲学から言語を分析する哲学への転換**ですが、具体的には次の二つの認識が重要です。

一つは、**哲学的問題の発生には言語が深く関わっているという認識**。もう一つは、**哲学的問題の解決にも、言語に関わる問題の考察を経由することが不可欠だという認識**です。この両方の認識がはっきり現れたのは、ウィトゲンシュタインの『論考』だと思います。

ウィトゲンシュタインがなぜ、過去の哲学を全否定したかというと、哲学そのものが言語の論理を誤解することから生じたと彼が考えたからです。ウィトゲンシュタインに先立って、ラッセルの著作にすでにこういった認識はあると言う人もいます。そのときに言及されるのが「**記述の理論**」と呼ばれるものです。

テクニカルなことは分析哲学の入門書にあたってほしいのですが、「記述の理論」というのは、たとえば「現在のフランス国王は禿げである」といった命題の論理構造を説明するものでした。ラッセルのときも今も「現在のフランス国王」なんて存在しないわけで、そうした存在しないものをどうやって論理学で扱えばいいのかという問題に対して、ラッセルは言語の分析によって答えたわけです。

このように記述の理論は、哲学的な問題の発生と解決の両方に、言語が深く関わっていることをたしかに示すものでした。ウィトゲンシュタインは、ラッセルのことをそれほど高く評価していませんが、記述の理論だけは認めていたといいます。

論理実証主義とウィーン学団

論理実証主義の誕生

――ウィトゲンシュタインの『論理哲学論考』が論理実証主義を準備したと言われていますが、具体的にはどういう経緯で論理実証主義が誕生したんですか。

飯田　論理実証主義の歴史は、二〇世紀のはじめに、ウィーン大学で三人の学生が出会ったことから始まります。数学者のハンス・ハーン、物理学者のフィリップ・フランク、社会学者のオットー・ノイラートという三人です。この三人がのちに「**ウィーン学団**」という論理実証主義の本拠となる団体の開祖になるんですね。

彼らは哲学者ではありませんでしたが、三人で集まって哲学や科学についてよく論じ合っていました。これが助走期にあたりますが、論理実証主義が本格的に始動する起点としては、一九二〇年代はじめ、モーリッツ・シュリック（一八八二―一九三六）というドイツ出身の哲学者がウィーン大学の哲学講座の教授として着任したことが挙げられます。

シュリックはもともと物理学者でしたが、アインシュタインの相対性理論についての哲学書も刊行しています。だから新しい物理学にも精通していたし、哲学一般にも幅広い関心を持っていました。しかも人間的な魅力もあった人らしいです。フランクはアインシュタインの後任としてウィーンを離れてプラハに行った後でしたので、シュリックは着任早々、ハーンとノイラートを入れて、研究会のようなものを発足させたんですね。

さらに一九二六年に、カルナップがウィーンにやってきてこの研究会に参加します。カルナップはのちにウィーン学団のスポークスマン的な役割を果たす哲学者です。彼はその前にフレーゲが教えていたイエナ大学にいたので、フレーゲの論理学の講義を実際に受けていました。また、当初は物理学を専攻していて、博士論文の空間論も物理学上の問題を哲学的に論じたものでした。

——シュリックが始めた研究会というのはどういうものだったんでしょうか。

飯田　公的なものというよりは、私的な活動でした。カルナップが加わった一九二六年には、シュリックと開祖の三人が四〇代、カルナップが三〇代半ばですから、参加者も若かった。こういう若手が非公式に集まって、哲学や科学に関してディスカッションをしていたわけです。

それが発展して一九二八年に「エルンスト・マッハ協会」という組織がつくられ、翌二九年には、論理実証主義のマニフェストである「科学的世界把握：ウィーン学団」というパンフレットが刊行されました。

ウィーン学団のメンバーが会合に使っていた場所の入り口

このパンフレットの末尾には、ラッセル、アインシュタイン、ウィトゲンシュタインの三人の名前が、「科学的世界把握の代表者」として挙がっています。ラッセルは新しい論理学の代表者ですし、アインシュタインは相対性理論という物理学の革命を起こした人物です。新しい論理学も相対性理論も、ともに伝統的論理学やニュートン力学を根底から覆すものでした。その意味で、論理学と物理学における革命は、論理実証主義が企《くわだ》てようとしていた哲学の革命のお手本だったんですね。

ただ、論理学と物理学の革命をお手本にするといっても、両者は性格が違いますから、新しい論理学にもとづく哲学と、新しい物理学を対象にした哲学が調和するとは限りません。そこで論理実証主義がどのように対応したかというと、まずは観察される事実にもとづかない言明は無意味だという実証主義的な立場を採用しました。でもこれだけだと、数学の言明は無意味なのかという難問にすぐ突き当たってしまいますよね。

――数学は観察にもとづいているわけではないですからね。

飯田　ここでフレーゲやラッセルの、数学は論理学から導かれるとする論理主義と、ウィトゲンシュタインの『論考』が組み合わされることになります。論理主義では、数学は論理に還元されます。さらにウィトゲンシュタインは、論理とは結局のところ「AはAである」ような同語反復（トートロジー）にすぎないと主張しました。そうすると、数学もまた論理学と同じで、結局のところ、同じことを別の仕方で言い換えているだけで、観察による検証といったものは必要でないことになります。

――ここでいう実証主義とは、意味のある言明とは経験的に検証できるものだという「意味の検証理論」のことだと考えていいですか。

飯田　ええ、要するに検証できない形而上学的な命題は無意味ということです。このように論理実証主義の言語哲学は、大きく言って「**意味の検証理論**」と「**論理とはトートロジーにすぎない**」という二つのアイデアが柱になっています。そしてこの二つのアイデアの起源が誰にあるかというと、どちらもウィトゲンシュタインなんですよ。

少し時間を遡《さかのぼ》ると、先ほど説明したシュリックを中心とした私的な研究会のなかで、『論考』が大変なインパクトを与えたんです。研究会では『論考』をめぐって激しい論争になり、一年まるまるかけて『論考』を読んだといいます。そのぐらい決定的な影響力があったんですね。

国際化する論理実証主義

――ウィトゲンシュタインは、ウィーン学団のメンバーと直接会っているんですか。

飯田　最初は他のメンバーとも会っていたのですが、後になるとシュリックと、ほか数人だけとしか会わないようになりました。ウィトゲンシュタインは好き嫌いが激しい人でしたから、カルナップとは全然合わなかったみたいですね。でも『論考』がすごい本だというのは学団のメンバーの共通認識としてあったと思います。

論理実証主義もウィトゲンシュタインと同じように、伝統的な哲学は形而上学だから無意味だという認識を共有しています。だから自分たちは、**哲学の代わりとして科学の基礎を明らかにするんだ、というのが論理実証主義の基本的なコンセプト**になるわけです。

ウィーン大学で始まった論理実証主義の運動は、その後、国際的に広がっていきます。そのなかでも特に重要なのは、イギリスから来た**アルフレッド・エイヤー**（一九一〇―八九）と、アメリカから来たクワインです。

このうちエイヤーは、イギリスに帰って『言語・真理・論理』（一九三六）という本を書きます。二〇代の著作で、若いせいもあってか、書き方が乱暴なんですよ。倫理学や神学なんてナンセンスだということを何の遠慮もなしに書くわけです。でも結果的に、この本は論理実証主義を英米圏に広めるうえで最大の貢献を果たしました。それくらい広く読まれたんですね。

一方のクワインは、カルナップとの出会いが決定的でした。後年、クワインはカルナップと過ごした時期について、「死んだ本ではなく、生きている教師から知的な鼓舞を受けた最初の経験」だったと回想し、もしカルナップに出会わなければ、図書館で一生過ごすような学者になっていただろうと書いています。

――クワインはカルナップのどういうところに刺激を受けたんですか。

飯田　やっぱり哲学の議論というものがどういうものかを初めて知ったことでしょう。一人で昔の哲学書を読んで勉強するのではなく、とにかく相手と一日中議論する。互いに批判し合いながら、哲学的な議論を深めていくという感覚を、クワインはこのとき初めて経験したのでしょう。

脱線になりますが、ウィトゲンシュタインが一九三〇年代のケンブリッジ大学で講義をしたときの学生も同じような感覚を持ったと思うんですよ。アメリカから留学生で来ていてウィトゲンシュタインの講義に出ていたノーマン・マルコムの『ウィトゲンシュタイン――天才哲学者の思い出』という有名な回想録に出てくるエピソードですが、ウィトゲンシュタインの講義には、昔の哲学者の名前が一切出てこないんですね。「そんなことが哲学になるのか」という話ばかりが議論されていたと。たぶん、聞いていた学生からすれば「こんなふうに哲学することができるのか！」という感覚を初めて持ったはずです。そういうところは、分析哲学の特徴であり、非常にいい面だと思いますね。

話をクワインに戻しましょう。クワインはウィーンからハーバード大学に戻った後、論理実証主義をアメリカの学界に広める役割を果たしました。ハーバード大学の権威は大きいものでしたから、他の大学でも論理実証主義が広がっていったわけです。

加えて政治的な側面ですね。ナチスの台頭によって論理実証主義者がヨーロッパから離散した際、その多くがアメリカへ渡ったんです。シカゴに移ったカルナップもその一人ですが、クワインは、カルナップのようにアメリカにやって来た論理実証主義者をずいぶん支援した。これも論理実証主義がアメリカに広がる一因になりました。
ただ、ウィーン学団自体は、一九三〇年代に入ると、崩壊への道をたどっていきます。決定的な事件は、一九三六年にシュリックが精神錯乱気味の学生に射殺されたことです。殺害の理由はわからずじまいだったんですが、シュリックの死後は、学団の会合が持たれることはなく、組織は一九三八年に正式に解散となりました。

開祖の一人であるノイラートは、最後まで組織を維持することに精力を傾けていたんですが、一九四五年にロンドンで突然亡くなってしまいました。ノイラートが生きていたら、論理実証主義をあらためて組織化することもできたかもしれませんが、彼が亡くなったことで、ウィーン学団は完全に解体したと言っていいでしょう。

オックスフォードからアメリカへ

日常言語を哲学する

――戦後になると、オックスフォード大学の哲学者を中心とした「日常言語学派」の時代に入ります。論理実証主義と日常言語学派の違いはどういう点にあるんでしょうか。

飯田　ここまで見てきたフレーゲやラッセル、それから論理実証主義者というのは、ほとんどが数学者や科学者なんですよ。ウィトゲンシュタインだって工学を勉強していました。それに対して「日常言語学派」を担ったオックスフォード出身の哲学者は、人文学的な素養があるんですね。つまり、プラトンやアリストテレスといった古典の訓練を受けているわけです。

哲学の中身で言うと、論理実証主義者が、数学や科学に関する概念を分析することを目指したのに対して、オックスフォードの哲学者は、私たちが日常的に使う概念や言語表現を問題にしたんです。だから彼らの哲学は「**日常言語の哲学**」と呼ばれるし、流派としては「日常言語学派」と括《くく》られるんですね。

日常言語学派が大きな力を持ったのは、第二次世界大戦直後から一九六〇年代半ばくらいまでの二〇年間ほどです。代表的な哲学者としては、ライル、オースティン、ストローソンがいますが、先ほど言ったように三人とも人文学的な素養がありました。ライルにはプラトンについて書いたものがありますし、オースティンはアリストテレスに詳しかった。ストローソンはカントですね。彼らは古い哲学が無意味だと思わず、むしろそこに興味深い問題を探り当てようとした。つまり、**自分たちが手にしている新しい論理学と言語分析の方法を用いて、伝統的哲学から新しい哲学的問題を見いだそうとした**わけです。

当然のことですけど、過去の哲学者が扱っている問題は自然科学だけじゃないので、扱える話題が増えるわけですよ。その意味で、分析哲学の範囲を広げたことは、日常言語学派の大きな功績だと思います。

——古典的な哲学に通じていることと、彼らが日常言語の哲学に取り組んだこととは、何かしら関係があるんでしょうか。

飯田　あると思いますね。たとえばアリストテレスの講義録的なテキストでは、ある問題を扱う場合、「世間ではどのように言われているかを見てみよう」という話から始まるんですよ。

――たしかに。『ニコマコス倫理学』もそうですね。幸福について、世間の見解をいろいろ持ち出していますから。

飯田　そうそう。人びとの常識的な見方や意見をまず取り上げ、その次に当時の哲学者や知識人の代表的な見解を取り上げる。そういう実際の見解をアリストテレスは「**フェノメナ（phenomena）**」と呼んでいます。日本語では「**現象**」とか「**あらわれ**」と訳しますね。

　しかもアリストテレスは、「〇〇という言葉は、Aという意味とBという意味で使われる」といったふうに、さまざまな見解や言葉の使用法を整理していくじゃないですか。それがおそらくオースティンの「**言語的採集**」に影響していると思うんです。

　彼は、自分より若い同僚を集めて「サタデイ・モーニングス」という研究会を始めるんですね。そこで実践したのが「言語的採集」です。これは、ある主題を何か選んで、それに関連する語彙《ごい》や言い回しをできるだけリストアップして、その用例を吟味するというものです。こうした方法を採用したことと、オースティンがアリストテレスを読み込んでいることは無関係じゃないように思います。

ウィトゲンシュタインからの影響

――日常言語学派の哲学者は、ウィトゲンシュタインからどのくらい影響を受けているんでしょうか。

飯田　ライル、オースティン、ストローソンのそれぞれで温度差はありますが、確実に影響は受けていると思います。このなかで、直接ウィトゲンシュタインと交流があったのはライルです。彼は一九二〇年代から『論考』を読んでいたし、ラッセルの著作も読んでいましたから、ケンブリッジ大学の哲学のこともよくわかっていたんですね。

他方、オースティンは、ウィトゲンシュタインの哲学にあまり関心がなかったと伝えられていて、著作にも明示的な言及はありません。ただ最近は、実はかなり影響を受けていたという議論も出てきています。それに少し関連して、面白い話があります。

『青色本』という本があります。これは、ウィトゲンシュタインの話をケンブリッジの学生数人が口述筆記した本です。なぜ口述筆記したかというと、一九三三年から三四年の学期に講義しようとしたら、学生が集まりすぎてしまったんですね。とくに女子学生が多かったらしい。それでウィトゲンシュタインは講義するのはやめて、口述筆記したノートを講義代わりに回覧したんです。

面白いのはここからで、このノートがケンブリッジからオックスフォードに出回っていたんですよ。

――誰かが持ってきちゃったんですか。

飯田　経緯は不明なんですが、たしかに出回っていて、けっこう読まれていたといいます。ストローソンはそれを学生のときに読んで、「いわば剝《む》き出しの思考を初めて見たように感じた」と述懐しています。それだけ影響力のあるノートだから、オースティンだって読んでいるはずなんだけど、読んだという話は一言も出てこないんです。

この話がなぜ大事かというと、ウィトゲンシュタインは一九二一年に『論考』を出版して以降、彼が亡くなった後の一九五三年に『哲学探究』が出るまで、著作を出してないんですよ。だからそれまでケンブリッジの人以外は、『論考』以降のウィトゲンシュタインの哲学を知るきっかけがないはずなんですね。

――でも、実際は青色本ノートが出回っていたと。

飯田　そうなんです。この青色本ノートによって、ケンブリッジ時代のウィトゲンシュタインの哲学がオックスフォードに伝わった。その影響はわりと大きかったと思うんです。

論理実証主義の全否定

――日常言語学派が隆盛したのは戦後から一九六〇年代半ばくらいという話でしたが、その後の分析哲学はどのように動いていったんですか。

飯田　一九六〇年代を通じて、**分析哲学の中心はイギリスからアメリカに移っていく**んです。そのシンボル的な存在がクワインですね。クワインには、一九六〇年に刊行した『ことばと対象』という重要な著作がありますが、分析哲学の歴史を考えるうえでは、一九五一年に発表された「**経験主義の二つのドグマ**」という論文が重要です。クワインでいちばん有名な論文だし、論理実証主義を葬るのに大きな役割を果たしたものですから。

ここでいう「経験主義」とは、カルナップに代表される論理実証主義のことを指しています。そして二つのドグマのうち、一つ目は、分析的真理と総合的真理とを明確に区別できるというもので、二つ目は、経験的言明の一つひとつは、それを正当化する感覚的経験に関する言明に還元できるというものです。

一つ目の、分析的真理というのは、「独身者は未婚である」といったような、経験にかかわらず意味にもとづいてわかる真理のことです。それに対して、**総合的真理**は経験や事実にもとづく真理のことです。先ほど説明したように、論理実証主義は、数学・論理学とそれ以外の自然科学とを明確に区別して議論しているわけですから、クワインはそれを真っ向から否定した格好になります。二つ目も、やはり論理実証主義だと、**経験的な命題は感覚的な言明に還元できる**と主張しますが、こちらもクワインは否定します。

――論理実証主義の全否定ですね。

飯田　論理実証主義の主要な主張を否定しているわけですから、そのように見えるのは当然ですね。でも、その後の分析哲学の展開のなかではっきりしてくるのですが、クワインと論理実証主義には共通する点が多くあります。とりわけ、伝統的な形而上学への反対ということと、物理学を中核とする自然科学が世界の正しい像を与えるという信念がそうです。

クーン、論理実証主義に引導を渡す

――「経験主義の二つのドグマ」は、実際に論理実証主義的な哲学にダメージを与えたんですか。

W. V. O. クワイン（1908–2000）
写真提供：AP/アフロ

飯田　実際に影響が出てくるのは一九六〇年代ですね。運動としての論理実証主義は、シュリックが殺された一九三六年に終わったと言えますが、哲学としての論理実証主義を終わらせたのは、クワインのこの論文ではなく、一九六二年に発刊された**トマス・クーン**（一九二二―一九九六）の『科学革命の構造』なんですよ。

――ここでクーンが出てくるんですか！

飯田　クーンは科学史や科学哲学の文脈で出てくる人ですよね。でも、もともと科学哲学というのは、カルナップを始めとした論理実証主義者たちが、アメリカの大学に移ってからつくった学科なんです。ところがこれは、科学理論の単純なモデルをつくって、それについて論じるといったもので、箱庭的な科学しか扱っていないと言われても仕方のないほど、実際の科学の営みとはかけ離れた不毛な分野になっていたんです。

そこに現れたのが『科学革命の構造』です。内容には立ち入りませんが、『科学革命の構造』は、それまでの科学哲学が、科学の実際を反映していないことを明るみに出してしまった。しかも『科学革命の構造』は、皮肉なことに論理実証主義者たちが企画した「統一科学国際百科全書」シリーズの一冊として刊行されたものなのです。

そうなると、論理実証主義中心でやってきた科学哲学という分野は、完全に考え直さなければいけないという話になります。結果、一九七〇年代には、ポール・ファイヤアーベント（一九二四―九四）の『方法への挑戦』のように、「科学に方法はない」なんて滅茶苦茶なことを言い出す議論まで登場して大騒ぎになります。

哲学は専門化に向かった

飯田　それが落ち着いて一九八〇年代になると、科学哲学者もより堅実な道を選ぶようになります。たとえば物理学の哲学とか生物学の哲学といった、具体的な自然科学の分野を対象とする。そのなかでさらに具体的に、相対性理論の哲学や進化論の哲学など、個別科学の哲学を扱うようになっていくんです。

――より専門化が進んでいったわけですね。

飯田　言語哲学でも似たようなことが起きます。ウィトゲンシュタインにせよ、論理実証主義にせよ、初期の分析哲学は言語学に全然関心を持っていなかったんです。言語学が研究対象とする英語やフランス語などの自然言語は、不完全な言語であり、真理の探究にとっては邪魔でしかない。論理学こそいちばん完全な言語なんだ、というのが初期の分析哲学者たちの間の共通の了解でした。

――日常言語学派はどうなんですか。

飯田　言語学への関心という点では大差ないですね。少なくともオースティンら、オックスフォードの哲学者は、同時代の言語学から影響を受けて理論を発想してはいません。

分析哲学者が同時代の言語学に興味を持ち出したのは、一九六〇年前後、ノーム・チョムスキー（一九二八―）による言語学の「革命」が起きてからです。有名なのは一九六五年に出た『文法理論の諸相』という本ですね。言語能力を人間の生得能力と見なすチョムスキーの考えは、哲学者からさんざん批判されましたが、いまの文脈で重要なのは、彼が自然言語の文法を厳密に定式化しようとしたところにあります。

そうなると哲学者側も刺激を受けるわけです。自分だったら、論理学を使ってチョムスキーより上手に自然言語の分析ができる。そう考えたのがリチャード・モンタギュー（一九三〇―七一）という論理学者です。こうして、英語のような自然言語と論理学の人工言語との間に本質的な違いを認めず、どちらも形式言語として扱うという「**モンタギュー文法**」

が誕生しました。

すると今度は、言語学者の側も「哲学者が面白い議論をしているらしい」「論理学は言語学の役に立つかもしれない」と哲学に興味を持つわけです。たとえばチョムスキーの学生でもあったバーバラ・パルテーという言語学者は、言語学者の間にモンタギュー文法を普及させると同時に、言語哲学者と言語学者とが一堂に会して議論する定期的な会合を組織したんです。

その場でお互いに議論し合うと、言語学者たちは自分たちがこれまであまり考えたことのないような問題が、すでに言語哲学者のなかで議論されていることに気づくんですね。言語哲学者のほうも、言語学者はたくさん事例を持っていますから、「ここに一般化にあてはまらない反例があるんだ」といったことがわかる。

こういう交流が一九七〇年代から続くわけですが、それにともなって言語哲学も言語学とつながるかたちで専門化していく。科学哲学が専門化していくのと同じような流れなんです。

広がっていく自然主義

早熟の天才クリプキと可能世界意味論

飯田　一九七〇年代でもう一つ特筆すべきことは、クリプキが一九七〇年にプリンストン大学で行った「名指しと必然性」という講演です。

クリプキは非常に早熟で、一〇歳までにシェイクスピアの全戯曲を読破し、一四歳までに幾何と微積分を独学でマスターしたといいます。

――すごいですね……。

飯田　彼を最初に有名にしたのは、「**様相論理**」と呼ばれる論理についての研究です。様相論理とは、可能性や必然性といった概念を扱う論理学ですが、この分野でもっともめざましい結果を出したのがクリプキでした。最初の論文は、一〇代のときに発表されたのですが、いったいどんな人間がこれを書いたのかということが、研究者の間で話題になりました。それがハイスクールの学生だということを知って彼らが驚いたことは言うまでもありません。クリプキは、「**可能世界**」という概念を使って、それまでわけがわからないと思われていた分野に、きれいに道をつけたんです。これを**可能世界意味論**と言います。

クリプキは論理学者としてだけでなく、哲学者としても天才的でした。それを疑いの余地なく証拠立てたのが、先ほど名前を挙げた「名指しと必然性」という講演です。彼は三回にわたる講演を原稿なしで行いました。内容も驚くべきもので、人名や地名のような固有名の意味とは何かという、一見きわめて些細で単純と思われる問題から出発して、必然性とアプリオリ性との関係、個体や種の本質、同一性、心脳同一説といった哲学上のさまざまな問題について、革命的な結論を引き出していきました。

たとえば「**経験的に知られる必然的真理が存在する**」というのは、そういった結論の一つですが、これはクリプキ以前であればほとんど矛盾としか聞こえない主張なんです。つまり、少なくともカント以来の哲学的常識をひっくり返してしまったんです。

専門的な議論は措《お》きますが、この講演で大事なのは、クリプキが形而上学に属する問題を復活させたことです。論理実証主義者は、形而上学はナンセンスだと言ったわけですよね。それはオックスフォードでも変わらないし、クワインは「存在論」という言葉を復活させましたが、形而上学が無意味だとする傾向はずっと続いていたと思います。ところがクリプキは、様相論理を研究するために、可能世界という概念を用いることで、本質のような形而上学の概念について議論することが十分に意味のあることだと示したわけです。

そうなってくると、「言語の論理を誤解したために無意味な形而上学的問題が出てきた」というラッセル以来の考え方は、かなり怪しくなってきますよね。こうして、「言語論的転回」はもう役目を終えたから、そろそろお引き取り願おうという話が少しずつ出てきます。だから**クリプキの出現は、言語論的転回の終焉を予告するものであった**と思います。

実際、ローティが「言語論的転回」と言ったのが一九六七年ですけれども、八〇年代になるとあまり聞かなくなっていきます。

言語論的転回から自然主義へ

——言語論的転回の枠組みだと、言語を分析することで形而上学は無意味になるはずだったのに、クリプキによって逆に復活していくということですね。先ほど、言語哲学の専門化という説明もありましたが、その後はどうなっていくんですか。

飯田　一言で言えば「**自然主義**」の隆盛でしょうね。ここでいう自然主義とは、**哲学と個別科学との間の境界がなくなること**を言います。

そもそも言語論的転回は、言語の論理の誤解が、哲学的な問題の大元にあると考えたわけですよね。ただ、そこで想定されている言語とは、英語や日本語といった自然言語ではなく、非常に抽象的なものなんです。

言語の論理の誤解が問題だというなら、自然言語についてきちんと科学的に研究すればいいという話になるはずなんですが、先ほど言ったように、初期の分析哲学は全然そちらに関心が向かなかった。自然言語は論理学の立場からは欠陥だらけだと考えていたからです。論理実証主義の哲学者は、新しい論理学にもとづいてすべての言語に共通する構造を分析できれば、哲学の問題は解明できると踏んでいたんですね。

ところがそういう見立てが怪しくなってくる。それを突きつけたのがクワインやクリプキです。クワインは総合的真理と分析的真理の区別は不可能だと言った。何が経験的に正しくて、何が論理的に正しいのかという区別ができないとなると、そもそも言語についてわれわれが知ることができると思っていたことが本当だろうかという疑問が出てきます。

さらにクリプキによって、フレーゲがつくった論理学からはみ出る様相論理学が舞台に出てきた。そうすると、フレーゲの枠組みで考えていた言語の一般的構造じたいを問い直さなければいけなくなってしまうわけです。

それと並行して、言語哲学者と言語学者が協力して言語の問題を考えるようになっていった。もうこの時点で、哲学と科学との間に区別はないとする自然主義の立場に足を踏み入れているんですね。

――それが一九八〇年代くらいですか。

飯田　そうですね。言語哲学がもっとも活気に満ちていたのは一九七〇年代までで、一九八〇年代が進むにつれ、その活気は薄れていきます。その代わりに、言語学者がそれまで哲学者が取り組んでいた問題を、具体的な言語現象を通じて研究するようになりますし、同じ時期に、認知科学という新しい分野が誕生して、思考、感覚、感情といった心的現象、ならびに、そうした現象と身体との関係を扱う「**心の哲学**」も活発になっていきます。「心の哲学」もまた、哲学者、心理学者、言語学者、脳神経学者、計算機科学者が共同して研究するような領域ですから、これもまた自然主義化の一例と言っていいでしょう。

実はクワインは一九五一年の「経験主義の二つのドグマ」の段階で、分析的真理を拒否することを通じて、自然主義の徹底化を呼びかけていたし、一九六九年にはそれをさらに推し進めた「自然化された認識論」という論文を書いています。でも、その実質的な影響が現れるのは、一九八〇年代になってからということです。

――実際のところ、哲学と個別科学の共同作業というのはできているんでしょうか。

飯田　現実には難しいですよ。でも、目指すべきことだとは思っています。

分析哲学の射程

日本における分析哲学

飯田　最後にぜひとも述べておきたいのは、日本における分析哲学についてです。篠原雄《たけし》という人の熱心な紹介によって、第二次大戦前にも論理実証主義は日本で知られていました。篠原は、生物学者で、哲学が専門ではありませんでしたが、さまざまな科学の分野は総合されるべきだという考えを持っていました。ウィーン学団の存在を寺田寅彦から聞いて、自分が創刊した雑誌『綜合科学』で論理実証主義者の論文を翻訳紹介しただけでなく、一九四二年にはそうした翻訳をまとめて『統一科学論集──ヴィーン・シカゴ学派』という書籍を刊行しています。

──反響はあったのでしょうか。

飯田　篠原が哲学の専門家ではなかったせいか、戦前のアカデミックな哲学のなかではまずなかったようです。そのため論理実証主義は、戦後になって、あらためて輸入されなければなりませんでした。ただ、それはアメリカからでした。その背景には、冷戦の存在がありました。

戦後の日本の哲学で大きな力を得たのはマルクス主義です。文化面でも共産主義に対抗しなければならないと考えたアメリカは、哲学に関しても力を入れて、日本の若い世代の哲学者がアメリカの哲学者と接して、アメリカの哲学の現状を知るための「アメリカン・セミナー」の開催を全面的に援助しました。これを通じて、アメリカの各大学に広まりつつあった論理実証主義の哲学が、日本に入ってきたわけです。

そして、このとき、それはアカデミックな哲学の世界でも認知されました。その証拠に、戦後まもなくアメリカに留学して帰ってきた大森荘蔵の「論理実証主義」という論文が東京大学の哲学研究室の機関誌に掲載されたことが挙げられます。この論文は、ウィトゲンシュタインの重要性を日本の哲学者に教えた点でも画期的でした。

――その前には、ウィトゲンシュタインは日本で知られていなかったのですか。

飯田　ラッセルは大正時代に来日したこともあって、翻訳がいくつも出ていましたが、ウィトゲンシュタインについては、その名前がかろうじて知られていたぐらいではないでしょうか。話をもとにもどせば、この時代には日常言語学派の哲学も出てきていましたから、そちらも同時に入ってきました。やがて「分析哲学」という名称が定着していきますが、長いこと日本で分析哲学は「科学哲学」という名称で呼ばれていたのです。

——それは不思議議ですね。なぜでしょうか。

飯田　たぶん「科学的哲学」、つまり、科学の方法にもとづいた哲学といった意味だったのではないでしょうか。大森が教えていた東京大学の学科が「科学史・科学哲学」という名称だったことも影響したのかもしれません。いずれにせよ、私がその学科にいた頃よく耳にしたのは「科学哲学は哲学じゃない」といった評価でした。よって、分析哲学は、日本の哲学アカデミズムでその存在を許されたといっても、かなりの間よそ者扱いを受けたと言えます。

分析哲学が哲学だと認めてもらえるようになったのは、一九七〇年代になってからではないでしょうか。でも、それまでの間に分析哲学は、昔の哲学者の言葉を繰り返すのではなく、自分の言葉で哲学の議論を行うべきだということと、日常の言葉からあまりかけ離れた言葉は使わないということを教えた点で、哲学のために使い物になるような日本語をつくり出すのに大きな貢献をしたと思います。

哲学の否定から哲学の再生へ

――飯田さんが一九八七年から二〇〇二年にかけて出された『言語哲学大全』全四巻は、分析哲学に入門する人にとってバイブル的な書物になっています。二〇二二年からはその増補版も出版されていますね。そんな飯田さんからご覧になって、一〇〇年と続いてきた分析哲学の貢献や意義はどこに求められるでしょうか。

飯田　分析哲学の歴史を眺めてみると、一九五〇年頃を境に大きな変化があったと思います。それまでの伝統的哲学への全面的な反対から、哲学の伝統のなかに新たな問題やその解決の糸口を見いだそうとする変化です。

ウィトゲンシュタインの『論考』とそれに影響された論理実証主義者は、哲学そのものを否定しましたが、オックスフォード大学の哲学者たちは、分析的道具をもって哲学の伝統に向かい、そのなかに多くの興味深い問題やその解決のためのヒントを見いだしました。

この変化はまた、分析哲学が扱う主題の範囲を飛躍的に広げる結果にもなりました。分析哲学はいまや、数学と科学、あるいは、言語と論理といったことにとどまらず、善や正義や美といった事柄に至るまでの主題を扱うようになっています。

第2章ブックガイド　飯田 隆

本文の最後でも述べたように、現在の分析哲学が扱う主題は広範囲に及ぶ。そうした広がりを知ってもらうために選んだのが次の三冊である。いずれもさまざまな著者による論文集であるから、面白そうだと思ったところから読んでみるとよい。

鈴木生郎・秋葉剛史・谷川卓・倉田剛『ワードマップ　現代形而上学――分析哲学が問う、人・因果・存在の謎』（新曜社、二〇一四）

論理実証主義の時代から見ればおどろくべきことに、形而上学は現在の分析哲学のなかでもっとも活気に満ちた分野の一つである。そうした「分析形而上学」でどのような主題がどのように議論されているかを予備知識なしでも読めるように解説している。

森岡正博・蔵田伸雄（編）『人生の意味の哲学入門』（春秋社、二〇二三）

分析哲学のイメージと「人生の意味」というのは結びつかないと思われる人もいるかもしれないが、この主題でも立派に分析哲学的な議論ができるということを、この本の各章は示している。また、この本は全体として、「人生の意味の哲学」という分野で最近どのような議論がなされているかを紹介するものにもなっている。

サリー・ハスランガー他（木下頌子・渡辺一暁・飯塚理恵・小草泰編訳）**『分析フェミニズム基本論文集』**（慶應義塾大学出版会、二〇二二）

本文で取り上げることはできなかったが、分析哲学の現在だけでなく、その過去においても、女性の哲学者からの貢献には大きなものがある。女性であることにかかわる哲学的問題が議論の対象となることに不思議はない。ここにはそうした議論において重要な役割を果たした八編の論文が収録されている。前の二冊と違って、翻訳論文集なのですこし読みにくいかもしれないが、編訳者による解説に最初目を通して、興味のある章から読んでみるのがよい。

第 3 章

近代批判と社会哲学

——マルクスからフランクフルト学派へ

清家竜介

清家竜介《せいけ・りゅうすけ》

1970年、大分県生まれ。龍谷大学社会学部准教授。
早稲田大学大学院社会科学研究科地球社会論専攻
博士課程満期退学。博士（学術）。
専門は、社会哲学、理論社会学、メディア文化論。

主要著書

「ジンメルと近代的自由」『経済社会学会年報』第25号
（第1回高田保馬奨励賞）

『交換と主体化――社会的交換から見た個人と社会』（御茶の水書房、2011）

共編著など

『現代思想入門――グローバル時代の「思想地図」はこうなっている!』
（共著、 PHPエディターズ・グループ、2007）

『ももクロ論――水着と棘のコントラディクション』（共著、有楽出版社、2013）

『政治思想の知恵――マキャベリからサンデルまで』（共著、法律文化社、2013）

『現代社会思想の海図――レーニンからバトラーまで』
（共著、法律文化社、2014）

『ドイツとの対話――〈3・11〉以降の社会と文化』
（共編著、せりか書房、2018）

『コミュニケーション資本主義と〈コモン〉の探求――ポスト・ヒューマン時代のメディア論』（共著、伊藤守編、東京大学出版会、2019）

翻訳書

トム・ロックモア『ハイデガーとフランス哲学』（共訳、法政大学出版局、2005）

イントロダクション

理性を鍛え直す

斎藤哲也

本章では、**社会哲学**という観点から、ドイツの**フランクフルト学派**の思想を中心的に取り上げる。フランクフルト学派とは、一九二三年にフランクフルト大学に創設された社会研究所を拠点として活動した哲学者・思想家たちの集まりのことをいう。ただし、その名称は戦後になって外から呼ばれたものであり、自分たちで名乗っていたわけではない。

フランクフルト学派は、**思想史的には西欧マルクス主義の系譜**に位置づけられる。西欧マルクス主義に関しては、インタビューのなかで清家竜介さんが解説してくれているので、このイントロダクションでは、フランクフルト学派を代表するホルクハイマーとアドルノ、ベンヤミン、ハーバーマス、ホネットという五人の思想のあらましを解説していくことにしよう。

フランクフルト学派の出発点

フランクフルト学派は、時代によって第一世代、第二世代、第三世代と括《くく》られる。**マックス・ホルクハイマー**（一八九五―一九七三）、**テオドール・アドルノ**（一九〇三―六九）、**ヴァルター・ベンヤミン**（一八九二―一九四〇）の三人は第一世代の思想家だ。

ホルクハイマーは、社会研究所の二代目の所長に就任し、フランクフルト学派の礎《いしずえ》を築いた人物だ。フランクフルト学派の代名詞とも言える「**批判理論**」という概念を打ち出し、学際的なメンバーを集めた。

第一世代には、右記の三人の他、『自由からの逃走』で有名な社会心理学者の**エーリッヒ・フロム**（一九〇〇―八〇）や、管理社会を痛烈に批判した哲学者の**ヘルベルト・マルクーゼ**（一八九八―一九七九）、政治学者の**フランツ・ノイマン**（一九〇〇―五四）らがいる。機関誌『社会研究誌』では、ベンヤミンは文学論や芸術論、アドルノは音楽論を発表していることから、その学際ぶりがうかがえる。

批判理論の概要や社会研究所に学際的なメンバーが集まった理由は、インタビューで確認してほしい。

ホルクハイマーが所長に就任した時期、ドイツではナチスが急速に勢力を拡大しつつあった。一九三三年にはヒトラー内閣が成立。研究員の多くはユダヤ系であり、マルクス主義的な傾向が強かったため、研究所は閉鎖に追い込まれ、彼らは亡命を余儀なくされた。

ホルクハイマーとアドルノは亡命先のアメリカで共同討議を重ねて、一冊の著作を刊行する。それがフランクフルト学派の金字塔とされる『啓蒙の弁証法』だ。同書は、一九四四年に少部数の仮綴じ版がアメリカで発行されたのち、四七年にオランダで正式に刊行された。

ホルクハイマーとアドルノの『啓蒙の弁証法』

ペシミスティックな近代批判を基調とする『啓蒙の弁証法』の序文には、「何故に人類は、真に人間的な状態に踏み入っていく代りに、一種の新しい野蛮状態へ落ち込んでいくのか」(『啓蒙の弁証法』徳永恂訳、岩波文庫、七頁)という印象的な一節がある。

戦争の真っ只中、二人の目に映った「**新しい野蛮状態**」とは、ナチズムやファシズム、ソ連のスターリニズムのような独裁体制が広がっている状況のことをいう。さらに、ラジオや雑誌、映画など、規格化された作品を通じて消費者を画一化していくアメリカの「**文化産業**」も、彼らにとっては野蛮状態と呼ぶべきものだった。

近代ヨーロッパを特徴づける「啓蒙」とは、「真に人間的な状態に踏み入っていく」こと、すなわち理性の光によって不合理な偏見や旧習を打破し、合理的な社会を打ち立てることを目指すものであった。それはまた、人々に自由や平等をもたらす試みでもあった。**啓蒙によって人間らしい社会をめざしてきたはずのヨーロッパ社会が、なぜナチズムのような野蛮状態に陥ってしまったのか**。これが『啓蒙の弁証法』を貫く中心的な問いだ。

同書のポイントは、啓蒙という営みそれじたいのなかに野蛮が胚胎している、という洞察にある。彼らによれば、啓蒙の核である近代的理性とは、目的達成のための手段を合理的に追求する「**道具的理性**」にほかならない。道具的理性は計算する理性と言ってもいい。そもそも理性を意味するラテン語の「ラティオ（raito）」には「計算する」という意味が含まれている。

道具的理性は、外的な自然だけでなく、感情や衝動という内的な自然を支配・管理しようとする。ところが、内なる自然を抑圧・支配するということは、生の充足を手放し、自らを対象化することを意味する。こうして外部の自然も内的な自然も、操作可能な対象に仕立て上げられていくことになる。

理性や啓蒙の暴力性を徹底的に批判する『啓蒙の弁証法』は、フランクフルト学派を代表する一冊となった。

戦後、社会研究所は活動を再開し、一九五八年にアドルノが所長に就任。彼は以後、フランクフルト学派のみならず、西ドイツの代表的知識人の役割を果たすことになる。戦後のアドルノの仕事は、哲学、音楽、社会学、文化評論と多岐にわたるが、インタビューでは一九六六年に上梓《じょうし》した哲学的主著『否定弁証法』を取り上げている。

ベンヤミンの歴史観

さて、『啓蒙の弁証法』に先立って、進歩主義的な歴史観に懐疑の目を向けていたのがベンヤミンだ。

ベンヤミンは、フランクフルト学派の拠点である社会研究所の正式なメンバーではないが、機関誌『社会研究誌』へたびたび寄稿し、アドルノとの親交も深かった。その意味では、フランクフルト学派の準メンバー的な存在である。

芸術批評、言語論、翻訳論、映画論、暴力論、歴史論、都市論さらにはユダヤ神秘主義など、多彩な分野にわたってテキストを遺《のこ》しているベンヤミンだが、彼もまた、ナチズムの暴力に直面してフランスに亡命を図る。

しかし亡命先のパリにもナチスが侵攻したため、ベンヤミンは徒歩でピレネー山脈を越えてスペインに渡ろうとするも、運悪く、スペインの国境警備隊に捕まってしまった。そしてナチスのゲシュタポ（国家秘密警察）に引き渡されることに絶望し、モルヒネを服用して自殺。まだ四〇代後半だった。

ベンヤミンでは、歴史に対する絶望はさらに強まっている。進歩史観に抗《あらが》いながら、いかに救済の希望を語るのか。清家さんのベンヤミン解説は、今回のインタビューの読みどころの一つだ。「宗教としての資本主義」というテキストから代表作の『パサージュ論』、さらにそこから絶筆となった「歴史哲学テーゼ」へとつないでいく巧みな読み解きをぜひ堪能してもらいたい。

ハーバーマスの「コミュニケーション的理性」

ホルクハイマーとアドルノの思想を批判的に継承した**ユルゲン・ハーバーマス**（一九二九―）は、フランクフルト学派第二世代を代表する、存命の哲学者だ。アドルノとの年齢差はおよそ四半世紀あり、第二次世界大戦戦争中は一〇代の少年として過ごした。父はナチス党員であり、ハーバーマス自身もヒトラーユーゲント（ナチス青少年団）のメンバーだった。

戦後、『啓蒙の弁証法』に大きな影響を受けて社会研究所に所属し、アドルノの薫陶《くんとう》を受けた。しかし、ホルクハイマーからの理解が得られず一九五九年に辞職。三年後の一九六二年に、教授資格論文『公共性の構造転換』を出版し、大きな反響を呼んだ。

すでに見たように、ホルクハイマーやアドルノは理性の本質を、合理的な手段を計算する道具的理性と捉える。それゆえ理性にもとづいて形成された近代社会は、ナチスの蛮行に象徴されるように、個人を抑圧する画一的な社会になることを免れることはできない。だからこそ二人は徹底的な理性批判を遂行した。

それに対してハーバーマスは、コミュニケーションや対話という営みのなかに、理性のポジティブな可能性を見いだそうとする。歴史をふりかえれば、人々が身分や地位と関係なく、理性にもとづいて対等な立場で、公共的な問題について議論していた状況があったのではないか。『公共性の構造転換』は、そういう「**市民的公共性**」の成立を歴史的に考察した著作だ。

さらに一九八一年に上梓した大著『コミュニケーション的行為の理論』では、ホルクハイマーやアドルノが、近代社会の矛盾を克服する方向を積極的に示せなかったのは、もっぱら道具的理性にもとづいて行為を理解したためだと批判し、人々が対等な立場で意見を述べ合い、合意を目指していく「**コミュニケーション的理性**」の可能性を探求している。

コミュニケーション的理性という新しい理性の捉え方は、ホルクハイマーやアドルノの道具的理性のみならず、近代的な人間観に対する批判であることを押さえておこう。近代の哲学や思想は、単独の個人をモデルにして、理性のあり方を理解しようとしてきた。個人を主体として立てれば、他者も自然も客体（対象）になるため、対等な関係に入ることはできない。むしろ対象は、利用や操作、支配へと向かいやすい。だから理性にせよ、行為にせよ、単独者モデルで考えると、どうしても道具的に理解されてしまう。

ハーバーマスが新たに「**コミュニケーション的理性**」**を提唱したポイントは、こうした単独者モデルを**「**相互にコミュニケーションをする複数の人間**」**というモデルに刷新すること**にあった。

ホネットの承認論

アクセル・ホネット（一九四九―）は、フランクフルト学派第三世代を代表する思想家だ。二〇〇一年から二〇一八年までは、フランクフルト大学の教授職に加え、批判理論の拠点である社会研究所の所長を兼任していた。

ハーバーマスが対話やコミュニケーションという点から市民社会を立て直そうとしたのに対して、ホネットは「**承認**」という営みから望ましい社会のあり方を構想している。その出発点となった著作が、一九九二年に出版された『承認をめぐる闘争』だ。同書でホネットは、ヘーゲルが『精神現象学』以前に構想していた承認論を下敷きにして、自らの承認論を練り上げていく。

ホネットによれば、承認には「**愛**」「**法**」「**連帯**」という三つの形式があり、これらを通じて他者から承認されることは、それぞれ自己信頼、自己尊重、自己評価を育むことへとつながっていく。さらに三つの承認関係が成立することは、自分の人生だけでなく、人々が「互いに肯定的な立場になっていくための社会的条件」をつくり出す。端的に言えば、**承認関係は善い社会の基盤になる**ということだ。

では、こうした承認関係が損なわれたり、侵害されたりしたらどうなるか。それは自分の人生をネガティブに捉えてしまうだけでなく、善い社会の基盤を損なうことにもなる。だがホネットは、こうした否定的な経験が「**承認をめぐる闘争**」のきっかけになると捉えている。

> 権利が奪われたり、尊厳が傷つけられたりした人は、その経験によって自分は辱《はずかし》められていると感じる。こうした「承認要求にたいする尊重欠如の経験をともなう否定的な感情反応はどれも、自分に加えられる不正が当の主体の目に認知的にあきらかになり、政治的な抵抗の動機になる可能性をふくんでいる」（『承認をめぐる闘争〔増補版〕』山本啓・直江清隆訳、法政大学出版局、一八七頁）。

たとえば人種差別や性差別に対する反対運動は、まさに「承認をめぐる闘争」だ。人々が日常生活のなかで感じる不当な扱いを「承認」という視点から考察し、それを社会的な問題へと結びつけていった点が、ホネットの承認論の功績と言えるだろう。

インタビューでは、ホネットが『承認をめぐる闘争』以後の著作で、どのように承認論を彫琢《ちょうたく》していったのかを語ってもらった。

インタビューの読みどころ

冒頭でも述べたように、フランクフルト学派の批判理論は、西欧マルクス主義の系譜に位置づけられる社会哲学だ。では、そもそも社会哲学とはどのような知の営みなのか。西欧マルクス主義とは何なのか。インタビューでは、近代初期にまで遡《さかのぼ》って、フランクフルト学派を準備した思想史的な脈絡を丁寧に解説してもらった。このくだりを読むことで、より大きなパースペクティブから批判理論を理解することができるだろう。

個々の哲学者・思想家に対する解説も、教科書的な整理にとどまらず、清家さんならではの踏み込んだ解釈が随所に織り込まれている。引用されるテキストや発言からも学べるものは多い。

インタビュー終盤では、現代社会の公共性の衰弱にまで話が及んだ。そのやりとりから、清家さんの「二一世紀の社会哲学」に対する問題意識がビビッドに伝わってくる。

近代批判と社会哲学

清家竜介

インタビュー：斎藤哲也

社会哲学の始まり

――この章では、ドイツのフランクフルト学派を中心に話を聞いていきたいと思います。フランクフルト学派の哲学や思想は、教科書的には「社会哲学」と括《くく》られますが、社会哲学という言葉はどういうイメージで捉えればいいでしょうか。

清家　社会哲学と言うときの「社会」とは、市民社会のことです。では、市民社会とは何だろうと考えると、大きく市場経済と国民国家という要素があります。市場経済は経済的な自由を基礎にした領域であり、国民国家は市民社会に秩序をもたらすものです。**この二つを両輪とする社会を認識し、どうすればよりよく生きられるかを考える哲学的な営みが**

社会哲学です。

――市民社会が成立するのは近代ですから、社会哲学は近代とともに立ち上がってきたということですね。

清家　はい。社会哲学や社会思想史の教科書では、ルネサンス期イタリアのマキャベリぐらいから始まることが多いんですね。これは根拠のないことじゃなくて、市民社会の原型はイタリアの都市でできあがっていくんです。その後、宗教改革や三〇年戦争があり、「社会契約論」でおなじみのホッブズやロック、ルソーといった哲学者が出てくる。彼らの社会契約論は、間違いなく社会哲学の系譜にあると言っていいでしょう。**人民の契約という考え方から、市民社会の秩序を構想していく**わけですから。

なぜ社会契約のような考え方が出てきたかというと、時代の要請があると思うんです。市民たちが力をつけて、封建的秩序とは異なった社会的なロジックと、市民的な感性を身につけていく。そういう社会的現実が市民社会を生み出して、その市民社会をどういうふうに理論的に位置づけていけばいいかということから、社会契約論が編み出されていった。

後で詳しく説明するホルクハイマーは、初期の著作『市民的歴史哲学の起源』（一九三〇）のなかで、「ホッブズから啓蒙主義まで続く哲学的論争で議論の的となるのは、国家のいろいろな制度の根拠は神にあるのか、それとも自然的理性にあるのかという問題である」（「市民的歴史哲学の起源」『批判的理論の論理学』角忍・森田数実編訳、恒星社厚生閣、四七頁）と言っています。中世の、神によって秩序づけられた世界が、神から切り離されていく。そのなかで、どのように秩序を形成していけばいいのかということが時代の要請としてあった。それに応えていくことが社会哲学の出発点になっていったんです。

「批判理論」とは何か

第一次世界大戦のインパクト

――近代以降の社会の変化を考えるとき、第一次世界大戦はヨーロッパ社会に計り知れないショックを与えました。社会哲学は、第一次世界大戦のインパクトにどう応答していったのでしょうか。

清家　第一次世界大戦の最大のインパクトは、膨大な犠牲者を生み出したことですが、社会哲学から見れば、レーニン率いるボリシェヴィキがロシアで革命を成功させ、実際に社会主義国家を建設してしまったことが大きかったでしょうね。

当時は、社会主義運動がヨーロッパ各地で展開されていました。そういう状況で、レーニンが革命を成功させてしまうわけです。マルクス主義の考え方からすると、社会主義革命は資本主義経済がもっとも発展した国で起こるはずだったのに、当時ヨーロッパで一番遅れていた農業国のロシアで革命が成功してしまった。これをどう考えたらいいのかということが、社会主義や共産主義にとって大きな問題になっていったわけです。

――ヨーロッパでは、第一次世界大戦直後に社会主義運動が高揚し、革命の機運も高まりましたが、結局成功した国はありませんでした。

ジェルジュ・ルカーチ（1885–1971）
ペテーフィ文学博物館
©Járai Rudolf

清家　そうなると、**なぜヨーロッパでは革命が起きないのか**と考えますよね。そういう哲学者の代表がハンガリー出身の**ジェルジュ・ルカーチ**（一八八五―一九七一）です。ルカーチはドイツに留学して、ゲオルク・ジンメル（一八五八―一九一八）やマックス・ウェーバー（一八六四―一九二〇）に教わっているんです。文学理論にも通じていて、哲学も文学もなんでもござれという超エリートでした。

帰国後、彼はハンガリーで社会主義革命を起こそうというグループに入って活動するんですけれど、失敗してしまう。その失敗経験をもとに書かれたのが『歴史と階級意識』（一九二三）という本です。

ルカーチはこの本で、プロレタリアート（労働者階級）が階級意識を自覚することが、革命の実現には重要なんだということを論じています。でもこれは、公式の教義であるマルクス・レーニン主義からするとアウトなんです。

――どうしてですか？

清家　主流派のマルクス・レーニン主義は、「**史的唯物論**」によって社会主義革命を説明するわけです。簡単に言えば、**資本主義的な生産様式のもとで生産力を高めていくと、生産力と生産関係の間に矛盾が起こって階級闘争が生じる**と。つまり、非常に法則的なんですね。生産力が高まれば、おのずとプロレタリアートの意識は変わって階級闘争が起きるという理論ですから。

でもルカーチは、**生産様式を変えることよりも、労働者が自分の置かれている状況を自覚することが重要**なんだと主張した。これはマルクス主義の公式見解からすると、物質的な条件を軽視した観念論ということになります。それでルカーチは、共産党の上層部から厳しく批判されてしまうんです。

西洋マルクス主義はルカーチから
——ルカーチはなぜ、プロレタリアートの意識変革を重視したんでしょうか。

清家　ルカーチは、マルクスが使っていた「**疎外**」や「**物象化**」という概念からプロレタリアートを分析しています。「物象化」というのは、後で述べるように、人間関係が商品の関係として現れることを言います。

初期のマルクスは、労働を「疎外」という概念で説明しました。資本主義社会では、資本家が生産手段を所有していますから、労働者は資本家の利益のためだけに労働する。労働の成果は労働者のものになりません。そういった状況では、労働は労働者にとってよそよそしく感じられるというのが「労働からの疎外」と呼ばれるものです。

そうなると**労働者は、商品によってコントロールされるような存在**になってしまう。いまだって、商品の都合で無茶な働き方をさせられるのはよくあることです。こういう具合に、物が人間をコントロールするような、逆転した事態を「物象化」といいます。

物象化によって、労働者は現実について誤った意識を持つようになってしまう。だからルカーチは、労働者が自分の置かれている状況を正しく認識することが重要だと考えたんです。

ちなみに、マルクスの疎外論が注目されるのは、マルクスの『経済哲学草稿』というメモが一九二〇年代末頃に発見され、一九三二年に出版されてからなので、ルカーチが『歴史と階級意識』を書いたときよりも後のことです。その意味で、ルカーチの議論というのは、非常に先駆的なマルクス解釈になっているんですね。

——そのルカーチが、「西欧マルクス主義の出発点」として位置づけられるのはなぜですか。

清家　「**西欧マルクス主義**」という言葉は、メルロ゠ポンティの一九五五年の著作『弁証法の冒険』に端を発します。彼はこの本で、ルカーチの『歴史と階級意識』を起点に西欧マルクス主義が生まれてきたということを論じているんですね。

辞書的に言えば、西欧マルクス主義とは、**ソヴィエト共産党が指導するマルクス゠レーニン主義とは異なる、西欧諸国で展開されたマルクス主義の系譜**ということになります。ルカーチやメルロ゠ポンティ、サルトル、フランクフルト学派の面々がこの系譜に入ります。

その特徴としては、資本主義を機能させているメカニズムに特化して研究する傾向が強いことが挙げられます。だからマルクスに関しても、革命的な実践のためというよりは、**自分たちが生きている資本主義的な社会を理解するための理論**として読んでいく。その背景には、西欧では資本主義社会の発展とともに、労働者が相対的に豊かになったのもあって、革命が難しくなったということがあると思います。

もう一つ重要な特徴として、ヘーゲルの弁証法を重視している点があります。ルカーチがまさにそうなんですね。マルクス自身もヘーゲルの弁証法から学んでいるんですが、ルカーチの場合、マルクスをもう一度ヘーゲル寄りで捉え直していく。こういった学問的態度は、西欧マルクス主義の系譜にあるフランクフルト学派にも通じています。

フランクフルト学派と「批判理論」

——そのフランクフルト学派の話題に移りましょう。彼らの根城となるフランクフルト大学の社会研究所は、どういう経緯で設立されたんですか。

清家　そもそもは、資産家の息子であるフェリックス・ヴァイル（一八九八—一九七五）と

フランクフルト大学の社会研究所

いう人が、マルクスや社会主義に非常に傾倒していたんですね。彼がフリードリヒ・ポロック（一八九四―一九七〇）やホルクハイマーに相談して、マルクス主義を研究できる研究所を作ろうとした。その三人で話を進めて、フェリックスのお父さんにお金を出してもらってできたのが**社会研究所**です。創設は一九二三年ですね。

最初の所長は、マルクス主義者で実証主義的歴史家のカール・グリューンベルク（一八六一―一九四〇）という人でした。彼はその後、健康を損ねて退職する。一九三一年に次の所長になるのが、ホルクハイマーです。

ホルクハイマーは「**学際的唯物論**」という構想を掲げて、社会研究所を運営しようとしました。学際的唯物論とは、**哲学と社会諸科学が協同して研究を行おうというもの**です。世界的には、一九六〇年代、七〇年代以降に「学際研究は大切ですよ」ということが唱えられていくので、ホルクハイマーのプロジェクトは非常に先駆的でした。実際メンバーも、哲学、経済学、心理学、美学、歴史学など、多様な分野から集められたんですね。

では、学際的唯物論としてどういうテーマを研究するのか。ここにルカーチの影響が見て取れるんですが、初期のフランクフルト学派は、「国家が主体となって、積極的に市場経済に介入してゆくポスト自由主義的資本主義のもとで、なぜ、プロレタリアートが、革命主体となりえなかったのか」、あるいは「しだいに高まっていくはずであったブルジョワジー（資本家階級）とプロレタリアートの階級対立を、押しとどめることを可能にする心理的メカニズムが、どのように成立したのか」を探究することを研究課題としました。

ホルクハイマーをはじめとするフランクフルト学派第一世代のメンバーは、第一次世界大戦とドイツ革命の挫折を経験しています。だから、マルクス主義を単

フランクフルト学派の主な哲学者

第１世代	マックス・ホルクハイマー エーリヒ・フロム ヴァルター・ベンヤミン ヘルベルト・マルクーゼ テオドール・W・アドルノ
第２世代	ユルゲン・ハーバーマス アルフレート・シュミット
第３世代	アクセル・ホネット アルブレヒト・ヴェルマー クラウス・オッフェ アレックス・デミロヴィッチ
アメリカ・フランクフルト学派	マーティン・ジェイ ナンシー・フレイザー セイラ・ベンハビブ ウェンディ・ブラウン

純に信奉することはできなかったんですね。

第一次世界大戦時、国際的な共産主義者は「労働者は団結して革命のチャンスを摑まなきゃいけないから、国家の戦争に加担するな」と一生懸命、声がけした。ところが実際に戦争が始まると、国家の呼びかけに応じて、社会主義者や労働者はどんどん愛国主義を唱えて戦争に参加していくわけです。そしてハンガリーでもドイツでも革命は失敗してしまった。

本来だったら資本主義的な矛盾の表れとして出てきた戦争は、殺し合わずに革命を起こすチャンスなのに、その矛盾の最前線に行って愛国者として多くの人たちが殺し合った。それでショックを受けるわけですよね。なぜ労働者たちは、革命の主体としての自覚を持ちえなかったのか。なぜ、資本主義の矛盾を抱えながら戦争に赴いてしまうのかと。

こういう問題を総合的に明らかにしていこうというのが、学際的唯物論の構想でした。それで、一人の研究者だけでは無理なので、哲学者、経済学者、心理学者など、いろいろな研究者を集めてくるわけですね。

――フランクフルト学派はなぜ「批判理論」と言われるのでしょうか。

清家　「批判理論」という用語は、ホルクハイマーが研究所の定期刊行誌『社会研究誌』に発表した「伝統理論と批判理論」（一九三七）に由来します。この論文でホルクハイマーは、自分たちの研究の方向性を、**「伝統理論」**と対置するかたちで「批判理論」と提示しました。

「伝統理論」とは、**自然科学をモデルに、事実を主観から切り離した客観的なものとして捉え、概念的に定義しようとするアプローチ**です。具体的には、経済学が経済現象を、法学が法の領域を、それぞれ専門的に理解し分析するような方法論に依拠しています。

ホルクハイマーによれば、伝統理論は、専門分野ごとに対象を実証的に分析することに重きを置いているため、基本的に現状を無批判に受け入れる傾向があるといいます。実証主義は、存在と当為を切り離して、存在を明らかにすることに向かうので、より善き生の探究につながっていかないわけです。それに対して「批判理論」は、**歴史的所産としての現実社会は、主観から切り離されたものではなく、人間の労働や活動によって構築されている**と考えます。だから現実

マックス・ホルクハイマー
（1895–1973）
dpa/時事通信フォト

社会は実践的に変更や再構築できるし、より善き生を実現するための改革や変革の余地があると考える。こういう思想にもとづいて、ホルクハイマーは、より善き生を考えようとする哲学と、個別の社会諸科学をくっつけていくことで、現存する社会や制度を自明視せず、それを超えてより善き生を探究していくことを目指したんですね。

ベンヤミンの影響

宗教としての資本主義

――フランクフルト学派第一世代のベンヤミンは、非常に多彩な分野で著作や論文を遺していて、現在もさまざまな角度から研究されています。社会哲学という観点から見たとき、ベンヤミンはどのような哲学者・思想家として位置づけられるでしょうか。

清家　ベンヤミンの全体像を語ることはできないので、最初に僕がもっともアクチュアルだと思うテキストを紹介します。一九二一年に書かれた「宗教としての資本主義」です。このテキストでベンヤミンは、**資本主義には宗教的な構造として三つの特徴がある**といいます。一つ目の特徴を述べた部分を引用しますね。

第一に、資本主義はひとつの純粋な礼拝宗教（Kultreligion）、おそらくはこれまでに存在した最も極端な礼拝宗教なのである。資本主義においては、一切のものが直接的に礼拝（Kultus）と関わることによってのみ意味をもつのであって、資本主義はいかなる特別な教義も、いかなる神学も関知しないのだ。

——「宗教としての資本主義」『ベンヤミン・コレクション7』浅井健二郎訳、ちくま学芸文庫、五二六頁

ヴァルター・ベンヤミン
（1892–1940）

これに続いて二つ目は、資本主義は毎日が礼拝であると。そして三つ目の特徴としてこの礼拝は人々に罪を負わせるというんです。ふつうは罪を救済するのが宗教なのに、罪を負わせる儀礼宗教が、純粋な宗教としての資本主義の特徴だというわけです。非常に短

いテキストですが、ベンヤミンは亡くなるまでこの発想を捨てていなかったんじゃないかと思います。

ベンヤミンには『パサージュ論』という有名なテキストがあります。ここでベンヤミンは、一九世紀の首都としてパリを論じていくわけですけど、パリを「地獄の首都」と言っているんですね。二〇世紀の第一次世界大戦で、資本主義は大量の死者を生み出した。一九世紀の首都パリが、将来的な地獄へとつながっているというイメージが「地獄の首都」という言葉には込められていたのではないでしょうか。

当時のパリは、万国博覧会などが開催された華やかな都市であり、現代に至る消費社会の萌芽が見られる場所でした。ベンヤミンは、パリのなかでも、アーケード（パサージュ）に着目します。一九世紀前半につくられたこのアーケードは、ガラスの天井と大理石を敷き詰めた舗道を持つ、最先端の遊歩街でした。アーケードは、鉄骨やガラスを用いたショーウィンドウを備え、それまで店舗の奥にしまい込まれていた商品が、煌《きら》びやかに陳列されていた。そうやって人々の欲望を喚起するような場が生まれたわけですね。

これは言ってみれば、美が商品に仕えているということです。**美的なものが資本主義の最前線に陳列され、人々の欲望を掻き立てるというのが『パサージュ論』の描き方**で、そこが宗教としての資本主義の礼拝所になっているわけです。

——『パサージュ論』はベンヤミンの晩年のテキストですよね。そこにも初期に書いた「宗教としての資本主義」が見いだされるという指摘は、とても興味深いです。

清家　もう一つ、『パサージュ論』で紹介したい箇所があるんです。僕はジンメルも研究しているので、ジンメルの話をしているテキストをぜひ（笑）。

> ゲーテの真理概念について記したジンメルの叙述を勉強した際に、私には次のことが非常にはっきりとしてきた。つまり悲劇論（『ドイツ悲劇の根源』）で用いた根源〔Ursprung〕という私の概念は、このゲーテの基本概念の、自然の領域から歴史の領域への厳密かつ必然的な転用であるということである。根源——それは原現象という概念を、異教的な観点で捉えられた自然の脈絡から、ユダヤ教的に捉えられた歴史の脈絡に移し入れたものである。ところで、私がパサージュ論で行おうとしているのも根源の探究である。
>
> ——『パサージュ論』今村仁司他訳、岩波文庫三巻、二〇九—二一〇頁

この引用で言われているように、初期のテキストである『ドイツ悲劇の根源』（一九二八）

と、晩年の『パサージュ論』は、ベンヤミンのなかで一貫した問題意識にもとづいているわけです。

「原現象」というのは、ゲーテの考え方で、**外的にはさまざまに異なっている植物のなかに、共通の「原型」があるというもの**です。ということは、『パサージュ論』は、根源としての資本主義みたいなものが存在し、それが歴史のプロセスのなかで現象しているという考えにもとづいて書かれていることになります。

ベンヤミンによる根源の探究

清家　では、ベンヤミンはどういうやり方で根源を探究していくのか。ベンヤミンの方法には、**「トラクタートス」「ミクロロギー」「星座」「アレゴリー」**といった特徴があります。トラクタートスというのは、断片的な書き物のこと。ミクロロギーは個物をつかまえる思考ですね。星座は、平面と奥行きから対象を捉えることであり、アレゴリーは寓話的解釈です。こういった方法を通して根源みたいなものが見えてくる、という発想なんですね。

ですから『パサージュ論』も、これらの方法によって、ゲーテの原現象のようなかたちで宗教としての資本主義が立ち上がっていくあり様を描き出そうとしたんじゃないかと思います。

——宗教としての資本主義では、人々はどんな神を信仰しているでしょうかね。

清家　ベンヤミンから離れてしまいますが、マーク・シェルというハーバード大学の研究者は、『芸術と貨幣』という著書のなかで、貨幣とキリストが非常に似ているということを論じています。

お札というのは単なる紙切れで、それじたいに価値はないわけですよね。紙切れを価値あるものたらしめているのは、千円札として使えるという信頼です。そう考えると貨幣は、信頼、もっと言えば信仰でできている。信頼と信仰は、ラテン語だとどちらもcredoです。

——なるほど。クレジットカードのクレジットの語源ですね。

清家　そうですね。**貨幣は物質的な形態を持った信仰の対象**なわけですから、キリストと同一の存在様式を持っている。こういうふうに考えると、ベンヤミンの言っていることはよくわかる感じがします。毎日、私たちは宗教儀礼として通貨を支

パウル・クレー「新しい天使」
写真提供　ユニフォトプレス

払って、商品世界の信仰の証《あかし》を立てているんですね。

ベンヤミンの絶筆となった「歴史哲学テーゼ」では、パウル・クレーの「新しい天使」という絵を素材に、「歴史の天使」のアレゴリーが語られています。

彼はその顔を過去に向けている。われわれには出来事の連鎖と見えるところに、彼はただ一つの破局《カタストロフィー》を見る。その破局は、次から次へと絶え間なく瓦礫を積み重ね、それらの瓦礫を彼の足元に投げる。彼はおそらくそこにしばしとどまり、死者を呼び覚まし、打ち砕かれたものをつなぎ合わせたいと思っているのだろう。

——『ベンヤミン・アンソロジー』山口裕之編訳、河出文庫、三六七頁

ベンヤミンの眼差しは、「歴史の天使」とそっくりです。貨幣という偽の神のもとで、人々はうわべの進歩や発展に興じていますが、それは実際のところ、破局の連鎖に他ならず、瓦礫《がれき》を積み重ねていると見ているわけです。ベンヤミンは、そういった瓦礫のなかから「救済の理念」を浮かび上がらせようとする。瓦礫にうずもれて、忘れられた人や敗残者、ガラクタを救済しようとしているんですね。

——ベンヤミンという人は、どんな人だったんでしょうね。

清家　とても不器用な人だったと思います。器用な連中がスイスイ進んでいくところを容易に進めず、きょろきょろと脇見しながらいろいろなものに躓《つまず》いてしまう。彼は一九四〇年、ナチスから逃れるためにスペインに渡ろうとしますが、途中でスペイン警察に捕まってしまいます。その夜に、フランスとスペインの国境の港町ポルーボウで、服毒自殺をしました。その時、一緒に足止めをくった人たちのなかで死んだのは彼だけです。そして遺稿として残されていたのが「歴史哲学テーゼ」でした。

『啓蒙の弁証法』から『否定弁証法』へ

——ホルクハイマーとアドルノの共著『啓蒙の弁証法』が、アメリカで最初に刊行されたのは一九四四年ですから、ベンヤミンが亡くなった後ですね。ベンヤミンの思想は『啓蒙の弁証法』にどのように影響しているんでしょうか。

清家　『啓蒙の弁証法』は、ベンヤミン的な発想で組み立てられているような気がしますね。ベンヤミンの「歴史哲学テーゼ」を読んで、ホルクハイマーもアドルノも相当な衝撃を受けたはずです。

ホルハイマーの学際的唯物論構想は、ある意味でポジティブじゃないですか。人々の解放をめざして、学際的な研究をするわけですから。でも第二次世界大戦とアウシュヴィッツを経て、理性に幻滅したホルクハイマーは、学際的唯物論を放棄してしまうんです。

その後に書かれた『啓蒙の弁証法』には、ベンヤミンの反進歩的な思想の影響がいたるところに感じられます。そもそも「啓蒙の弁証法」とは、**神話や宗教から脱出しようとする啓蒙という脱呪術化の運動が、ファシズムという近代の神話に陥ってしまうという否定の運動**を指していますから、進歩批判、理性批判が基調としてあるわけです。

あるいは書き方にしても、『啓蒙の弁証法』は、中身がほんとうに色とりどりなんですよ。古代ギリシア神話のオデュッセウス論、マルキ・ド・サドの小説『ジュリエット物語あるいは悪徳の栄え』の主人公を取り上げたジュリエット論、アメリカの文化産業論というぐあいに。

この構成には、先ほどベンヤミンの方法論で述べたトラクタートス的なところもあると思うんです。同じ弁証法でも、ヘーゲルだったら、精神が必然的に展開して自由を実現していくプロセスとして、東洋世界、ギリシア世界、ゲルマン世界、近代、と歴史的かつ論理的に諸要素が取り上げられるわけですが、『啓蒙の弁証法』は断片を並べて、救済の可能性を浮かび上がらせる弁証法です。そういうところもベンヤミンの影響を感じさせます。

実際、読んでいるとベンヤミンが憑依《ひょうい》しているんじゃないかと思えるような箇所は多いんです。とくにアドルノに対して、すさまじい影響を与えていると思います。アドルノの半分はベンヤミンでできていると言ってもいいくらいです。

ベンヤミンとアドルノには師弟的な関係がありますが、アドルノは生意気な弟子だからベンヤミンに対して容赦なく批判したり、説教したりしています。でも「トラクタートス」「ミクロロギー」「星座」「アレゴリー」は、そのままアドルノの方法にもなっていくんですね。

テオドール・アドルノ（1903–69）
dpa/時事通信フォト

――そのアドルノは後年に、『否定弁証法』という難解な大著を書き上げます。アドルノの言う「否定弁証法」とはどういうものでしょうか。

清家　まず、ヘーゲルの弁証法を考えてみましょう。ヘーゲルの弁証法だと、ある概念と矛盾したり対立したりする「非同一的なもの」は、次の段階で「同一的なもの」に統合されてしまう。ヘーゲルは、低次の矛盾や対立が、より豊かな内容を持った高次の「同一的なもの」に回収されることを「**止揚（アウフヘーベン）**」と呼んでいます。

少し難しい言い方をすれば、精神に導かれた概念が「否定の否定」によって、「非同一的なもの」を高次の「同一的なもの」に取り込んでいく、というのが弁証法的な運動なんですね。ただ、なんでもかんでも同一化してしまうというのは、アドルノにとって暴力なんです。

たとえば、資本主義社会のなかだと、貨幣によって、さまざまな物が「交換価値」というかたちで同一化されてしまいます。ペットボトルもコーヒーも、私たちの労働力も同じように貨幣で交換可能です。そうやって人間も「物化」してしまうわけです。

それに対して**否定弁証法は、最初の否定に踏みとどまって——これを「限定的否定」と言います——、「否定の否定」である統合までには行かない**んですね。「否定の否定」をすると、同一化の暴力が作動してしまう。でも、否定にとどまれば、概念による同一化の作用もストップします。そこから「非同一的なもの」を救済しようというのが否定弁証法です。

アドルノの否定弁証法で、もう一つ重要なのは、「止揚」ではなく「**想起**」だというところですね。打ち捨てられたもの、傷つけられたものを想起することによって、暴力を告発し、非同一的なものの救済の可能性を浮かび上がらせていくというのがアドルノの手法であり、ベンヤミンから引き継いだものなんじゃないかと思います。

理性の新しい捉え方

ハーバーマスによる第一世代の批判

――教科書的には、フランクフルト学派第一世代であるホルクハイマーやアドルノが理性を徹底的に批判したのに対して、第二世代のハーバーマスは「コミュニケーション的理性」という理性の新しい捉え方を提示したと説明されます。ハーバーマスは先行世代の議論をどのように発展させたんでしょうか。

清家　ハーバーマスは、アドルノの「断片において考える」というプロジェクトに対して、三つの原理的な弱点があると言っています。

一つ目は、社会科学と分析哲学を軽視しているということ。二つ目は具体的・経験的研究を軽視しているというもので、先行世代の批判理論は道具的理性に対する抽象的な批判に逃げ込んで、複雑な現実についての経験的な分析は限定的な貢献にとどまったと言います。三つ目として、規範的立場が不明瞭だと。ベンヤミンから影響を受けたアドルノは、「では、どうすべきか」ということを明示するような議論はしないわけです。それが理論的な弱点だとハーバーマスは考えました。

ユルゲン・ハーバーマス（1929– ）
dpa/時事通信フォト

ちなみに私は、アドルノが経験的な社会科学を軽視したとは思っていません。アドルノは、実証主義には批判的でしたが、批判的社会学を重視していました。

ともあれ、この三つの批判が面白いのは、ここで挙げられていることというのは、全部ハーバーマスがやったことなんですよ（笑）。批判というかたちの自賛と言ったら意地悪かもしれませんが、ハーバーマスは社会科学と分析哲学を重視したし、『公共性の構造転換』のように具体的・経験的な現実の考察もしている。「コミュニケーション的理性」が大事だという規範的な立場もはっきり打ち出しています。

それに関連して、ハーバーマスが自分の功績を語っている興味深い言葉（フランクフルター・ルントシャウ紙による二〇一四年のインタビュー）があるので、引用しておきましょう。

> わたしの世代が、アメリカ、フランス、時にはイギリスの哲学者たちの興味を引き起こし、そして彼らに認められるようになったのは、ただひとえに、われわれが自分たちの伝統の強いところを分析哲学の手段で解き明かし、体系的な諸問題を取り扱うにあたってカントからヘーゲルを経てマルクスにいたる水源から汲み続けたがゆえです。
>
> ――「訳者解説」『真理と正当化』三島憲一訳、法政大学出版局、四三九頁

自分がフランクフルト学派の議論を、他の欧米諸国の人にもわかるかたちで体系的にまとめて理論展開したんだと。このように総合化や体系化をポジティブに語っていくスタンスは、第一世代には見られません。

――たしかに清々《すがすが》しいほどポジティブですね（笑）。

清家　だからこそ第一世代の理性批判を踏み破って、コミュニケーション的理性にまで突き進めたんですよ。

——西欧マルクス主義の系譜としては、ハーバーマスはどう捉えられるんですか。

清家　「システムによる生活世界の植民地化」という、彼の有名な言葉がありますよね。**市民がコミュニケーション的理性を働かせて合意を形成し、生活世界の秩序をつくっていくというのがハーバーマスのビジョン**だとすると、行政システムや経済システムというシステムの領域は、やっぱり物象化された世界なんですね。だから資本主義的なシステム批判という観点はマルクスに依拠していると考えていいと思います。

ただ、第一世代と同様、革命という発想はハーバーマスにはないですね。システムが複雑に機能分化している社会のなかで、革命を起こすような機運はまず起こらない。コミュニケーション的理性で人々が合意形成をして、適切な法を運用すれば、資本主義経済を制御していけるというのがハーバーマスの考えです。そうやって法の力で資本主義を制御すれば、人権や社会権に配慮するかたちで自由経済を回していけるんだと。

定言命法は「モグラの道」

清家　ついでに言うと、フランクフルト学派というのは、隠れヘーゲル派的なところがあるんですよね。そもそもルカーチの議論からしてヘーゲル寄りなので、当然といえば当然なんですが、ホルクハイマーもアドルノも、ヘーゲルを批判しつつ弁証法的な議論は使うわけじゃないですか。

では、ハーバーマスはどうかというと、コミュニケーション的理性に関してはヘーゲルよりもカントに接近している。コミュニケーション的理性というのは、カントの定言命法のように具体的な内容はないんです。だから「**手続き的な理性**」なんですよね。

理性にもとづいた手続き的なコミュニケーションによって、議会で立法して憲法や法律をつくり、システムを制御する。だからコミュニケーションの中身については触れないんです。

——面白いですね。カントの実践理性のコミュニケーション版として、コミュニケーション的理性があると考えると、たしかにわかりやすいです。

清家　まさにそういう講演をハーバーマスがしているんですよ。二〇一九年の「道徳性と人倫の関係についていまいちど」という講演です。ここでハーバーマスは、カントの定言命法を「モグラの道」と評しています。

——モグラの道？

清家　定言命法は、普遍的な道徳性に照らして個人の内面を問い直すような構造になっていますよね。でもその普遍的な道徳性は、非常に遠い理想としてあるわけです。『実践理性批判』の最後に、「わたしたちが頻繁に、そして長く熟考すればするほどに、ますます新たな賛嘆と畏敬の念が心を満たす二つのものがある。それはわが頭上の星辰をちりばめた天空と、わが内なる道徳法則である」（『実践理性批判2』中山元訳、光文社古典新訳文庫、二四二頁）」という有名な一節があります。

ここで言われているように、人間の道徳法則は、現実社会ですぐに実現できるものじゃなくて、無限の課題のようなかたちで人々に追求されるものとして捉えられている。それをハーバーマスは「モグラの道」と言っているんです。**つまり人間は、暗闇のなかで、自分の内面の格率が普遍的な妥当性を持っているのかどうかをたえず問い直していく**わけです。

一方、ヘーゲルの場合、カントの主観的な道徳に対置して、人々の間で具体的に通用している、習俗やルールとしての「**人倫**」という倫理的な概念に依拠します。そしてこれを家族→市民社会→国家というかたちで、歴史的に展開していく。つまり人倫は、歴史のなかでかたちあるものとして発展し、実現されるものなんですね。

それに対してハーバーマスはどうかというと、やっぱりカントの道徳法則みたいなものをベースにして、これがほんとうに正しいのか正しくないのかということを不断に問い続けるようなものとして、コミュニケーション的理性を考えていると思うんですよ。
ただ、ハーバーマスのコミュニケーション的理性は、カントのように個人だけで完結しません。**コミュニケーションを通じて、「公共圏」ができあがっていく。**そういう枠組みはヘーゲルの人倫に通じている気がします。

公共圏の衰弱に抗して

ヘーゲルをアップデートする

——フランクフルト学派第三世代では、アクセル・ホネットの「承認論」が有名ですね。ホネットの承認論は、批判理論をどのように継承していると考えればいいでしょうか。

清家　ホネットは、二〇〇一年から二〇一八年まで、社会研究所の所長を務めています。彼の「承認論」は時代とともに深化していきますが、やっぱり時代診断や社会病理と結びついた社会哲学を指向する点では、ホルクハイマー以来の批判理論を継承していますし、

「承認」という言葉が示すように、複数の主体の相互関係を見ていく視座をハーバーマスと共有しています。

これがハーバーマスと何が違うのかというと、ハーバーマスは先ほども言ったように、コミュニケーションの形式や手続きを緻密《ちみつ》に論じるんですね。中身は論じません。でもホネットは、社会哲学や社会理論の基礎には、人格に対する考察や人間学的な心理学が必要だと言います。

アクセル・ホネット（1949– ）
dpa/時事通信フォト

たとえばホネットの考え方だと、人々が自分の価値や権利を侵害されたと感じることによって、「社会的に軽んじられているという感情」や「社会的な承認の枠組みから排除されてしまったという不正の感覚」が生まれ、それが社会的な反抗の原因となって社会運動につながっていく。そこで「**承認をめぐる闘争**」が生じるわけですね。現在だったら、セクシャルマイノリティや外国人労働者といった人たちが抗議の声を発することで、新たな規範や価値観が生まれ、「人倫」の内実を発展させているわけです。

ただ、一九九二年の『承認をめぐる闘争』の段階では、まだハーバーマス的というか、形式重視の議論をしています。ここでは初期ヘーゲルの「承認論」を下敷きにして、「愛」「法」「連帯」という三つの承認関係が論じられていますが、たとえば法的な承認関係である自由権や平等権が歴史的にどういうふうに獲得されてきたのかといったことは問題になっていません。あくまでも人倫の形式的条件として「愛」「法」「連帯」を考察するにとどまっています。

——ホネットは現役の哲学者として、現在も精力的に著作を発表しています。議論にどういう変化が見られますか。

清家　たとえば二〇一一年の『自由の権利』では、ヘーゲルの『法の哲学』をモデルに、自由の権利がどういうふうに成立していったかを歴史に即して描き出していくんですね。

カントの哲学だと、自然法則に従う現象界と道徳法則と結びつく叡智《えいち》界という二つの世界に分かれるじゃないですか。ヘーゲルの『法の哲学』は、いわば道徳的理性が歴史的に具現化した法秩序を描き出すものですが、ホネットはそれを引き継ぐかたちで、ヘーゲルの議論を下敷きにして現代の状況を再構成していくわけです。

——ヘーゲルの『法の哲学』のアップデート版を試みたわけですね。

清家　ここで整理されている「**否定的自由**」「**反省的自由**」「**社会的自由**」という三つの自由モデルは、自由とは何かを考えるうえで参考になります。

否定的自由というのは、どんなことをするにせよ、外部の妨《さまた》げがないという自由です。消極的自由と言われるものと同じですね。反省的自由は「～への自由」、つまり積極的自由のことで、目標自体を自分自身で決めて、そこに強制が働いていないかを反省することで得られる自由だと説明されます。だいたい自由というと、この二つのどちらかをイメージしがちですが、ホネットがヘーゲルに注目して強調するのが社会的自由です。

社会的自由とは、他者と関係を結びながら、相互の目標達成のために、相互に助け合うことで実現していくような自由です。これは逆に言えば、人間は、孤立した状態では自由を実現できないということですね。

――社会的自由という概念が、まさに承認論につながっているわけですね。

清家　そうです。『自由の権利』ではこの社会的自由を、さらに「**パーソナルな関係の領域**」「**市場経済行為の領域**」「**民主的意志形成の領域**」という三つの領域から考察していくんですが、それぞれに現代的な課題があることが指摘されています。

たとえば現在の社会政策では、パーソナルな関係の社会的自由を保障するには不十分だといいます。経済的な領域では、自己責任論が蔓延《まんえん》した結果、社会的自由を発展させるのではなく、自分の利益追求を抜け目なく最大化することがよしとされてしまっている。民主的な公共圏では、立法機関が形骸化し、人々は政治に幻滅してしまっている。どれも日本に当てはまることばかりです。

人新世の公共圏へ

——ホネットが指摘しているような公共圏の衰弱という問題は、現在進行形で議論がなされています。二一世紀の社会哲学は、この問題にどのように対応しようとしているのでしょうか。

清家　現在の公共圏を考える補助線として、ドイツの社会学者ヴォルフガング・シュトレークの議論を参照してみましょう。彼は『時間かせぎの資本主義』という本で、民主主義と資本主義との間の破断を考察しています。近代の両輪であった民主主義と資本主義がもはや両立できなくなっている。それは、経済がグローバル化したことで、一国の政治の力では国民経済をコントロールできなくなってしまったからです。

ハーバーマスの言う憲法愛国主義的な市民社会、あるいはホネットの社会的自由を実現していくためには、政治的市民社会が、人権や福祉に配慮したかたちで経済社会を制御することが必要です。でもグローバル資本主義が世界を席巻《せっけん》したことで、市民の利害がバラバラになり、公共圏が機能しなくなっているんですね。

ではどうしたらいいのかというのは非常に難しい問題ですけど、気候変動問題のように、グローバルに解決しなければいけない課題をテコにして、グローバルな公共圏を立ち上げられる可能性はあると思うんです。

さらに、これからは「**人新世《ひとしんせい》の公共圏**」ということを考えなければいけないかもしれません。インド出身の歴史学者ディペシュ・チャクラバルティは、『人新世の人間の条件』のなかで、ハンナ・アーレントの「人間の条件」をふまえて、これからは生物学的・地質学的な、人間の条件について考察する必要があると述べています。

人新世とは、**人間の営みが地球のあり方を大きく変えてしまっている時代**ということですね。そしてその地球環境ではいま、人間が生きることすら困難になりつつあります。言ってみれば、人間は科学技術や経済活動によって、自分たちが生きるための生物学的・地質学的な条件を切り崩しているわけです。

だとしたら、これからの公共圏は、人間のことだけを考えればいいというわけにはいかなくなるでしょう。**人間以外の事物のネットワークが、人間のコミュニケーションや生活世界へと浸潤していくのならば、事物の世界も含めて公共圏を構想しなければなりません。**

――現在の人文学ではポスト・ヒューマンに関する議論が活発に行われています。人新世の公共圏の話とも深く関わってきそうです。

清家　そう思います。自立した個人や私的所有権の主体といった近代的な人間像のままでは、人新世の危機に対応することはできません。人文学では、これまでも近代的な人間像に対する疑念はさまざまな方面から論じられてきました。そういった議論はまだ現実の社会には十分に届いていませんが、人間を問い直す作業は、二一世紀の社会哲学も避けて通ることはできないと思います。

第3章ブックガイド　清家竜介

仲正昌樹『現代ドイツ思想講義』（作品社、二〇一二）

幅広い活躍で知られる著者が、得意とする領域の一つである現代ドイツ思想について語った講義録である。講義録ということもあって非常に平明な文章で、本章で扱った社会哲学の主要人物について、より詳しく学ぶことができる。本章で触れなかった二〇世紀最大の哲学者と言われるハイデガーに対するフランクフルト学派の批判に加えて、ポストモダン以降の社会哲学にかかわる現代ドイツ思想の動向にも詳しい。

永井彰、日暮雅夫、舟場保之編著『批判的社会理論の今日的可能性』（晃洋書房、二〇二二）

本章で扱ったフランクフルト学派を専門とする日本の研究者たちによる著作である。一部のハーバーマスと二部のホネットに分かれている。ハーバーマスについても充実した論考が並ぶが、現在ホネットについて、これだけの複数の論点で検討された本はないだろう。ホネットの第二の主著と目される『自由の権利』についても水上英徳氏と日暮雅夫氏によって詳しく検討されている。

ブリュノ・ラトゥール（伊藤嘉高訳）『**社会的なものを組み直す——アクターネットワーク理論入門**』（法政大学出版局、二〇一九）

本章の最後に取り上げたが、環境破壊や気候変動が人類共通の脅威と見なされる現代において、チャクラバルティのようにアーレントの「人間の条件」を問い直すことは、社会哲学の重要な課題である。その際、人間と自然、精神と物質などの二項対立を放棄して、「社会的なもの」を人間や自然の事物がアクターとして結びついた動的ネットワークとして捉えるラトゥールの視点は、今後の社会哲学の展開にとって有益な視点を与えるはずである。

第 4 章

フランス現代思想

——二〇世紀の巨大な知的変動

宮崎裕助

宮崎裕助《みやざき・ゆうすけ》

1974年、兵庫県生まれ。専修大学文学部教授。
東北大学文学部哲学科卒業、
東京大学大学院総合文化研究科超域文化科学専攻
表象文化論コース博士課程修了。
博士（学術）。専門は哲学・現代思想。
新潟大学人文学部准教授を経て現職。

主要著書

『判断と崇高——カント美学のポリティクス』（知泉書館、2009）

『ジャック・デリダ——死後の生を与える』
（岩波書店、2020、第12回表象文化論学会賞）

『読むことのエチカ——ジャック・デリダとポール・ド・マン』（青土社、2024）

共著

『連続講義　現代日本の四つの危機——哲学からの挑戦』
（講談社選書メチエ、2015）

『続・ハイデガー読本』（法政大学出版局、2016）

『新・カント読本』（法政大学出版局、2018）

『アーレント読本』（法政大学出版局、2020）

『精神分析のゆくえ——臨床知と人文知の閾』（金剛出版、2022）

『ジャック・デリダ「差延」を読む』（読書人、2023）

翻訳書（共訳）

ジャック・デリダ『有限責任会社』（法政大学出版局、2002）

ポール・ド・マン『盲目と洞察——現代批評の修辞学における試論』
（月曜社、2012）

ジャック・デリダ『メモワール——ポール・ド・マンのために』（水声社、2023）

イントロダクション

「構造主義以降」の知的営為

斎藤哲也

本章では、二〇世紀後半に興隆したフランス現代思想に入門する。

ここでいうフランス現代思想とは、**レヴィ＝ストロースに代表される構造主義以降、二〇世紀にフランスで活躍した哲学者や思想家の知的営為のこと**だと考えてほしい。フランス現代思想という言葉に馴染みのない読者にとっては、「現代思想」というからには、いままさに注目を浴びている思想のことだと思われるかもしれないが、「フランス現代思想」あるいは「現代思想」は、二一世紀の現在にあっては、半ば歴史用語のように受け取られている。

宮﨑裕助さんへのインタビューでは、「現代思想」という言葉の解説から始めてもらった。なぜ「現代哲学」ではなく「現代思想」なのか。また、なぜ「現代思想」という言葉は、フランス現代思想と結びつきやすいのか。その質疑応答を経て、次のテーマをめぐってインタビューは展開していく。

・源流は何か
・構造主義とポスト構造主義の関係
・フーコー、ドゥルーズ、デリダの思想
・精神分析の知
・「ポストモダン」をどう理解するか

以下、このイントロダクションでは、インタビューのねらいや問題意識を読者の方々と共有することにしたい。

現代思想の源流

フランス現代思想が二〇世紀後半に巨大な知的変動を起こしたといっても、突然変異のように新たな哲学・思想が生起したわけではない。個別に見れば、それぞれ影響を受けた哲学者や思想家がいるのは当然だが、フランス現代思想を総体として見たとき、とりわけ決定的な影響を及ぼしたと目されるのがマルクス、ニーチェ、フロイト、ソシュール、ハイデガーという五人だ。

言語学者の**フェルディナン・ド・ソシュール**（一八五七―一九一三）は、言語を記号として捉えることで、従来の言語観を根底からくつがえした。従来の言語観は、名前に先立って事物があることを前提としていた。世界にはいろいろな事物があり、それに人間がペタペタと名前のシールを貼っていくようなイメージだ。

ソシュールはこの常識的な発想を否定して、世界にはあらかじめ決まった事物があるのではなく、言語による切り分け方（分節）の違いによって、異なる世界が現れると考えた。そして、その切り分け方にも決まった法則はない。つまり**言語を記号として見たとき、言葉と物の結びつきに必然性はない**。

ソシュールの世界を記号の配置として見ていく着想は、親族関係や神話を記号的に読み解いていく**クロード・レヴィ＝ストロース**（一九〇八―二〇〇九）の**構造主義**や、**ロラン・バルト**（一九一五―八〇）による**文化現象の記号学的分析**へと発展していった。「記号」という視座は、フランス現代思想に欠かせない知的リソースなのだ。

現代思想の源流に**カール・マルクス**（一八一八―八三）や**ジークムント・フロイト**（一八五六―一九三九）の名が挙がるのはなぜか。マルクスならば「**下部構造**（経済的構造）」

と「**上部構造**（精神的な営み）」、フロイトならば「**無意識**」というふうに、両者の思想には「構造」という要素が孕《はら》まれている。そして**ルイ・アルチュセール**（一九一八―九〇）はマルクスの思想を、**ジャック・ラカン**（一九〇一―八一）はフロイトの思想をそれぞれ構造主義的に読み解き、刷新していった。

フリードリヒ・ニーチェ（一八四四―一九〇〇）と**マルティン・ハイデガー**（一八八九―一九七六）の影響については、インタビューで詳しく解説されているが、一つだけ補足しておこう。インタビューでは、ハイデガーと関連して「**解釈学**」という言葉が出てくる。哲学的な解釈学とは、単に文献を解釈することではなく、人間の生や世界を解釈することまでを含む。ハイデガーは『存在と時間』（一九二七）のなかで、実存を分析する自らの方法を「**現象学的解釈学**」と呼んでいる。ハイデガーは現象学とともに解釈学の系譜に位置づけられる哲学者であることをふまえて、インタビューを読んでほしい。

構造主義からポスト構造主義へ？

構造主義という言葉を世に知らしめたのは、先述したレヴィ＝ストロースだ。フランスでは、**ジャン＝ポール・サルトル**（一九〇五―八〇）の実存主義の退潮とともに、構造主義が知の最前線に躍り出る格好となった。その経緯を少し解説しておこう。

未開社会の調査を通じて、婚姻関係や神話のなかに精緻な構造が存在することを発見したレヴィ＝ストロースは、一九六二年に『野生の思考』を発表し、未開社会を遅れたものと見なす西洋中心的な思考を痛烈に批判した。なかでも批判の的となったのがサルトルだった。

第二次世界大戦後、フランスの知的世界を牽引《けんいん》していたのは、サルトルの実存主義だ。サルトルは、フランスのみならず世界全体に絶大な影響を持つ、戦後思想界の大スターだった。そのサルトルの哲学をレヴィ＝ストロースは一刀両断する。いわく、サルトルの哲学には「野生の思考を批判する資格がない」（『野生の思考』大橋保夫訳、みすず書房、三〇〇頁）。それどころか「民族学者にとっては、この哲学は（他のすべての哲学と同様に）第一級の民族誌的資料である」（同前）と、サルトルを西洋的思考の一つの資料として相対化してみせた。

こうして六〇年代は構造主義の時代となり、アルチュセールやラカン、ロラン・バルト、フーコーらがその旗手となって活躍した。

教科書的には、構造主義に続いて、一九六〇年代末以降、ドゥルーズやデリダを代表とする**ポスト構造主義**の時代に入ると説明される。**構造主義が静態的に構造を捉えるのに対して、ポスト構造主義は動態的に構造の変化を思考する**。いかにもポスト構造主義によって構造主義は乗り越えられたかのように解説されるが、こうした理解は妥当なのか。宮崎さんの応答に期待してほしい。

フーコーの権力論

ここまでがインタビューの前半戦だ。後半戦ではフーコー、ドゥルーズ、デリダの三人が中心的に取り上げられる。

ミシェル・フーコー（一九二六―八四）に関しては、規律権力と生権力《せいけんりょく》の関係に絞ってインタビューをしている。ここでも教科書的な解説をしておこう。

一九七〇年代に入ると、フーコーは『監獄の誕生』（一九七五）、『性の歴史 1 知への意志』（一九七六）などの著作で、権力の問題を正面から論じるようになる。『監獄の誕生』では、有名な「**パノプティコン**」によって、規律権力がどういうものかが説明される。パノプティコンとは、功利主義を提唱したベンサムが考案した監獄モデルであり、「一望監視装置」などと訳される。この監獄は、監視塔を中心に独房がぐるっと円形に配置されており、囚人から監視者は見えない構造になっている。したがって監視者は監視塔にいる必要はない。それでも囚人は、監視者の視線を常に意識して行動せざるをえない。すなわち、囚人の心には常に監視者の視線が入り込むようになるのだ。

このパノプティコンの囚人のように、**外から強制されずとも、主体的に自分を律するようにさせる権力**が「**規律権力**」だ。

一方、『性の歴史 1　知への意志』に登場するのが「**生権力**」である。「生権力」とは、人々を生かす権力のことだ。フーコーによれば、近代以前の権力は死の権力、すなわち従わなければ殺す権力であるのに対して、近代の生権力は、人々の生を管理する。具体的には、**出生率や健康水準、寿命など、集団的な「人口」に介入するような権力**のことをいう。

一見、規律権力と生権力の間には接点がないようにも見える。はたして両者にはどのような関係があるのか。インタビューでは、図らずもこの論点からドゥルーズの管理社会論へと話は転じていく。現代社会にとってもアクチュアルな論点なので、じっくりと読んでほしいくだりである。

ドゥルーズとデリダ

続いてインタビューは、**ジル・ドゥルーズ**（一九二五—九五）と**ジャック・デリダ**（一九三〇—二〇〇四）の比較という論点に入る。両者はともに「**差異**」**の思想**を展開した点で共通している。ドゥルーズには『差異と反復』（一九六八）という著書があり、デリダにも『エクリチュールと差異』（一九六七）という著書がある。初めに差異ありき。両者の思想には、**事物の本質や起源を措定《そてい》する「同一性」の哲学・思想への強烈な批判**が込められている。

たとえば「ありのままの私」のような、濁りのない同一で純粋な「私」は存在しない。何もかもが複雑に絡み合いながら刻々と変化しているのだから、「私」なるものも差異の運動の一時的な効果として仮構されているにすぎない。関係や変化のなかで、たまさか「私」が成立している。こうした差異を根源に据える思考という点で、ドゥルーズとデリダは共通している。

では両者の違いはどこに見いだせるのか。このインタビューの読みどころの一つなので、宮崎さんの明快な解説を堪能してほしい。

続くデリダの「**脱構築**」レクチャーでは、これ以上嚙《か》み砕きようがないほど懇切丁寧に、具体例をまじえて脱構築の方法が語られる。教科書的には、脱構築は、魂（精神）／物質、内／外、真理／虚偽、オリジナル／コピー、大人／子供、男／女、まじめ／ふまじめなど、「プラスの価値／マイナスの価値」とされる二項対立の解体や攪乱《かくらん》、組み換えと説明される。でも実際に、二項対立を解体する、攪乱する、組み換えるとは何をすることなのか。インタビューを読めば、ばっちりわかる。ここでの宮崎さんは、さながら脱構築の伝道師である。

精神分析の知

インタビュー終盤では、「**精神分析の知はなぜ重要なのか**」という問いを宮崎さんに投げかけている。

フロイトの創始した精神分析学は、彼がヒステリー治療を実践するなかで生まれたものだ。ヒステリーは神経症の一種で、心理的な要因から心身にさまざまな障害が現れる症状のことをいう。

ウィーン大学医学部で生理学や神経学を学んだのち、三〇歳で開業医となったフロイトは、パリで学んだ催眠療法を使って、ヒステリー患者の治療をするようになる。しかし、誰もが催眠術にかかるわけではない。そこでフロイトが編み出したのが「自由連想法」という治療法だ。これは、ソファに横になった患者に、自由に思いついたことを話させるというもの。

催眠療法の実践では、催眠状態の患者が過去の出来事を話していくうちに、ヒステリーの原因と思《おぼ》しき体験が明るみに出て、それを患者自身が理解することで症状が消えることがわかっていた。フロイトは、催眠療法を改良して自由連想法に行き着き、ヒステリーの原因となる過去の出来事を探った。そして、自らの治療法を「精神分析」と名付けたのだ。

この精神分析を通じて、フロイトは、**人間の心の深層には本人が自覚できない領域があること**を見いだし、それを「無意識」と呼んだ。

この無意識の発見は、臨床的な治療のみならず、人文知の世界に決定的な影響を与えている。いったいなぜ、フロイトの理論はそれだけのインパクトを持ち得たのか。無意識の発見によって、学問の領野はどのように広がったのか。

紙数の都合もあり、フロイトやラカンの理論に立ち入ることはできないが、現代思想のリソースとして精神分析の知は欠かせない。その重要性を、宮崎さんは力強い言葉で伝えてくれている。

「ポストモダン」をめぐって

インタビュー最後のテーマは「**ポストモダン**」という言葉である。この言葉が思想界に広まったのは、哲学者**ジャン＝フランソワ・リオタール**（一九二四―九八）の『ポストモダンの条件』（一九七九）によるところが大きい。リオタールは、同書のなかでポストモダンを「**大きな物語の終焉《しゅうえん》**」と特徴づけている。近代以降、啓蒙主義や資本主義、マルクス主義などの大きな物語が人類の進歩や自由、平等といった価値を約束するものとして受け入れられてきた。ところが、科学技術が原爆を生み出したり、民主主義がナチズムのような独裁制をもたらしたことで、人々はもはや、そのような大きな物語を信じることができなくなった。このように「大きな物語」が信じられなくなった時代を、リオタールは「ポストモダン（脱近代）」と呼んだ。

ポストモダンの思想は、しばしばフランス現代思想と重ねて受け取られてきた。こうした理解は適切なのだろうか。ところが、また、ポストモダンの思想がシニカルな相対主義をもたらしたと批判され、ときにトランプ現象の元凶《げんきょう》と言われることさえある。そんな現状への応答をもってインタビューは締めくくられる。

インタビューの読みどころ

すでにインタビューの具体的な論点はあらかた触れた。フランス現代思想は、個々のテクストが難解なこともあって、門外漢にはなかなか近寄りがたい。インタビューは、できるだけフランス現代思想の大きな見取り図を描けるような質問を中心に組み立てた。

こちらのぶっきらぼうな質問に対して、宮﨑さんは噛んで含めるように解説をしてくれたことが強く印象に残っている。そのことは「現代思想」「ポスト構造主義」「ポストモダン」など、なんとなく知った気になりやすい言葉の説明によく現れている。

フーコーの権力論やドゥルーズの管理社会論の解説では、いきおい現代社会の状況にまで話が及んでいる。本書の趣旨からいえば脱線的な箇所だが、こういうやりとりもまた「聞き書き」ならではの面白さだろうと思い、収録することにした。

フランス現代思想

宮崎裕助

インタビュー：斎藤哲也

なぜ「現代哲学」ではなく「現代思想」なのか

——最初に「現代思想」という言葉について伺います。「現代哲学」と「現代思想」はどのような違いがあるんでしょうか。それと関連して、「現代思想」が、フーコー、ドゥルーズ、デリダなど、フランスの思想と結びつけられやすいのはなぜでしょうか。

宮崎　大学で「現代思想論」のような科目をずっと受け持っていたので、質問いただいたことはけっこう意識してきました。

まずは「哲学」と「思想」との違いから考えてみましょう。一般的に哲学というと、やっぱりギリシア発祥というふうにイメージされますよね。イオニアの自然哲学が興《おこ》り、アテネではソクラテス、プラトン、アリストテレスが活躍する。近代ではデカルトがいて、その後、イギリス経験論や大陸哲学を経て、ドイツのカントやヘーゲルが登場する。そうやって哲学は二五〇〇年以上も前から現代まで連綿と続いてきたというストーリーじたいが、一つの制度みたいなものになっていて、大学でも「哲学」という科目になっているわけです。「哲学」という概念には、こういった制度的なストーリーが付着しているので、言葉として窮屈なんです。

じゃあ「哲学」という言葉が持つ定型的な窮屈さを避けて、それに近い言葉を探すとなると、「思想」という言葉がしっくりくるんですね。たとえば「日本哲学」というと、どうしても引っかかりがある。仏教や神道、儒教など、近代以前の日本で展開された思考のあり方や流れを遡《さかのぼ》ってもギリシアにはたどり着きません（笑）。それよりも「日本思想」のほうがぴったりしています。

一方「日本哲学」は、西洋哲学が日本に受容された後に形作られていったと考えたほうがいいでしょうね。典型的には西田幾多郎（一八七〇—一九四五）以後に展開した京都学派のように、西洋哲学との関係が描ける範囲で用いられるのが一般的です。

もちろんいまお話ししていることは、歴史的な経緯に引きずられた区分であって、ほんとうは哲学ってもっと広い思考の営みであるべきだと思います。ただ現状は、どうしても「哲学」という言葉は、制度的な窮屈さを伴ってしまうんですね。

このことを念頭に置いて、「現代思想」という言葉について説明します。斎藤さんが言ったように、現代思想というと二〇世紀以降のフランスの哲学や思想と結びつきやすいわけですが、それはなぜなのか。これも歴史的な経緯がありますが、二〇世紀に起きた知的変動の中心がフランスだったからだと思います。とりわけ大きかったのが、**サルトルに対抗するかたちで興隆した構造主義**で、「構造主義革命」と言ってもいいぐらいのインパクトがありました。

代表格であるレヴィ＝ストロースは、**ロマーン・ヤコブソン**（一八九六―一九八二）の音韻論の手法を応用して人類学を刷新しました。そしてレヴィ＝ストロースの構造主義以降、ラカン、アルチュセール、フーコー、ドゥルーズ、デリダ、リオタールといった思想家が華々しく活躍しますが、それは狭い意味での哲学にとどまらず、言語学、文化人類学、宗教学、社会学、精神分析、美術、メディア論など、多様な学問領域を巻き込みながら人文学全体の手法を変えてしまうくらいの影響を与えることになりました。さらに彼らの思想は、一九六八年にパリで起きた反体制運動、いわゆる五月革命のムーブメントと結びついていたこともあって、世界的な変革の時期に対応する「現代思想」として受容されたわけです。**同時代的に見て、これだけの知的変動が起きた場所ってフランス以外には見当たらない**んですね。哲学と言うにはあまりに大きなムーブメントであり、やっぱり「哲学」よりは「思想」と言ったほうがしっくりきます。

——日本で「現代思想」という言葉が広まったのはなぜですか。

宮崎　日本では「現代思想」は、大学制度に依存した動きではなく、広く論壇や出版文化全体によって牽引されてきた点に特徴があります。とくに青土社の雑誌『現代思想』の存在が大きいでしょうね。一九七三年創刊で、中野幹隆《みきたか》という名物編集者がいて、朝日出版社に移籍後も雑誌『エピステーメー』などを手がけて同時代のフランスの思想を積極的に紹介していた。そうした動きのなかで日本からも、柄谷行人《からたにこうじん》、蓮實重彥《はすみしげひこ》、山口昌男らのスター論者が数多く出て、八〇年代に浅田彰や中沢新一らの**ニュー・アカデミズム**と呼ばれる思想的潮流の土台を形成していった。『現代思想』が継続的に存在していることにより、このフレーズが私たちの意識に刷り込まれたところはあると思います。

——そのくらい、フランス思想のインパクトが大きかったんでしょうね。

宮崎　情勢が、第二次世界大戦前後で大きく変わったんですよ。戦前までは哲学の本場といえばドイツでした。しかしナチズムとアウシュヴィッツの経験によって、ドイツは文化的な拠点としても、また哲学においても威信を失いました。

二〇世紀のドイツを代表する哲学者といえばハイデガーが挙げられますが、そのハイデガー自身もナチス政権と関わっていたことが、ドイツ哲学への信頼を大きく損ないました。戦後のドイツはナチスへの反省とその代償を引き受けるところから出発せざるをえなかったため、戦前のドイツ哲学のインパクトは大幅に縮小し、後退せざるをえなかったんですね。

一方、英語圏の哲学は、ウィトゲンシュタイン以降、論理実証主義をはじめとした言語分析の哲学が主流になりました。ただ分析哲学は、英米語圏の専門的な哲学科において、理系的な方法論にもとづいて追究されたこともあって、洗練されたけれども社会一般の多方面に目に見えて広がっていくような大きなインパクトは持ちにくかったと思います。

それとは別の流れになりますが、アメリカ合衆国は多民族国家であるため、**多言語を扱う比較文学科などの文学系の学科を中心にフランス思想の方法論が流入**しました。これが「**フレンチ・セオリー**」として知られるようになり、一九七〇年代のアメリカの大学では、脱構築などのフランス思想の影響を受けた知的運動が起こったんですね。このあたりの経緯は、思想史家のフランソワ・キュセの『フレンチ・セオリー』（二〇〇八）という本にまとめられています。

現代思想の源流

構造主義とニーチェ

――「現代思想の源流」として、ソシュール、マルクス、フロイト、ニーチェ、ハイデガーの名がよく挙がります。なぜこの五人が源流として位置づけられるのか、宮崎さんなりに解説していただけますか。

宮崎　現代思想が、構造主義以降のフランス現代思想を指すのであれば、ソシュールの言語学は外せませんよね。構造主義の基本的な特徴は、人間のあらゆる文化現象は言語の構造にもとづくとしたうえで、関係主義的な思考から文化現象の再構築を図る点にあります。大雑把な話になりますが、**構造主義の発想では、すべてを「共時的」な、並立する広が**

りの関係性において捉えます。言葉の意味でいえば、言葉はそれに対応する実物を指しているから意味を持つのではない。たとえば「雨」だったら「豪雨」「大雨」「小雨」「霧雨」といった、関連を持つ言葉の広がりのなかで、一つひとつの言葉の意味が相対的な価値として決まっていく。そういう関係主義的な思考法が根幹にあります。

なぜこうした思考が重要かというと、物事を自然本性に根ざすものと見なす本質主義的な立場を批判できるようになるからです。たとえば言語なら、生物としての人間の本性にもとづくものというより、各国語があるように唯一普遍の言語など存在せず、さまざまな慣習の束《たば》であり、時代や地域によって変化するものと考えられる。そういう観点から自然主義的なイデオロギーを暴くことができるようになるわけです。

構造主義の中心的な分野に**記号論**がありますが、ロラン・バルトにはこうした記号論の思考が尖鋭《せんえい》に出ていますね。ソシュールの言語学は、二〇世紀初頭の一般言語学講義が出版され広く受容されるにつれ、記号論の元祖として位置づけられます。

次にマルクスとフロイトですが、それぞれアルチュセールとラカンによって構造主義的に読み解かれていくんですね。フランス現代思想の展開にとって、数多くの知的エリートを送り出したパリの高等師範学校（エコール・ノルマル・シュペリウール）が決定的な役割を果たしました。アルチュセールとラカンには、高等師範学校に優秀な弟子たちがいて、そこでの受容が戦後のフランス思想の動向を左右することになります。もちろん、マルクスの資本主義批判やフロイトの精神分析や無意識の発見は、フランス現代思想だけでなく、二〇世紀以降の人文学全体に大きな影響を与え続けています。

ニーチェは同時代よりも二〇世紀以後に本格的に受容されるようになり、いまもその存在感は衰えることがありません。戦中から戦後のフランス思想に限っても、**ジョルジュ・バタイユ**（一八九七―一九六二）、**モーリス・ブランショ**（一九〇七―二〇〇三）、フーコー、ドゥルーズ、デリダをはじめ、多くの哲学者や思想家にとって重要な参照点となっています。

――日本でも人気がありますよね。ニーチェ入門的な書籍はたくさん出ています。

宮﨑　そうなんです。だから、単に学術的な研究の文脈だけでなく、おそらく西洋哲学者のうちで最も有名な哲学者と言ってもいいでしょうね。でも、本気でニーチェを理解しようとすると簡単ではありません。

ニーチェの著作は初期の『悲劇の誕生』（一八七二）や中期の『道徳の系譜学』（一八八七）のような作品を除けば、多くが断章やアフォリズム形式で書かれている。あるいは『ツァラトゥストラはこう語った』（一八八三―八五）は、神話や寓話のようなスタイルで書かれていて、概念や体系の構築をうたっているわけではない。そのため、哲学よりも文学として研究されることが少なくないです。

こういった点でもニーチェは型破りな存在です。狭い意味での哲学ではないし、いきなり現代思想をやってしまったようなところがあるんですよね。だからフランス現代思想には、**ニーチェが残したテクストからいかにアクチュアルな思想が取り出せるかを突き詰めていった**という側面が強くあります。

フリードリヒ・ニーチェ
（1844–1900）
1875年頃（撮影：フリードリヒ・ハートマン）

実際、本格的に取り組もうとすると、非常に難しいんですよ。レトリックが過激で、誇張やハッタリ的な断言も多い（笑）。そのため、彼のテクストを解釈しようとすると、文字通りの意味を解説するだけでなく、そこからどう広げるのか、どうやって思想史や哲学史に接続するのかが一筋縄ではいかない問題になってきます。

そこに取り組んだのが、ハイデガーや

カール・ヤスパース（一八八三―一九六九）といったドイツの哲学者です。一九三〇年代に彼らによってニーチェの思想は本格的に分析され、超一級の思想家として遇されるようになった。それを受けて、バタイユや**ピエール・クロソウスキー**（一九〇五―二〇〇一）、ブランショといったドイツ哲学に通じていたフランスの思想家がニーチェに注目し、それが現代思想に引き継がれていくという流れだと思います。

その意味では、いきなり戦後のフランスでニーチェの思想が花開いたというよりは、ドイツ経由で、とりわけハイデガーの解釈経由でフランス現代思想の源流になった感じですね。

ハイデガーの絶大な影響

――フランスの哲学者がニーチェを受容するうえで、ハイデガーの解釈が決定的な役割を果たしたということですね。ハイデガー自身の哲学は、現代思想にどのような影響を与えているんでしょうか。

宮崎　ビッグネームへの影響という点では、フーコー、ドゥルーズ、デリダなど、ポスト構造主義と呼ばれる哲学者たちはハイデガーの哲学から大きな影響を受けています。とりわけ**フーコーやデリダは「反哲学」的な視点、つまり西洋哲学の歴史そのものに対する批判的な視点を、ハイデガーから受け継いでいる**と思います。

フーコーは「ニーチェ・フロイト・マルクス」というテクストで、「解釈学と記号学は不《ふ》倶戴天《ぐたいてん》の敵同士だ」と述べているんですが、これは現代思想の中心に、解釈学と記号学という二つの極があり、その葛藤によって現代思想が発展してきたということでもあるわけです。

この視点から見ると、ハイデガーの哲学は、一方で、存在の意味を探ることを企《くわだ》てた「**存在の解釈学**」だということになる。これは、西洋哲学史全体の読み直しと切り離せないやりかたで、古典文献学者であったニーチェの思想にもとづきながら、その後の**ハンス＝ゲオルク・ガダマー**（一九〇〇―二〇〇二）の解釈学、デリダや**ポール・ド・マン**（一九一九―八三）の脱構築の路線を用意していた。他方、ハイデガーの存在の問いは、**世界内存在**という観点から、全体論的で関係主義的な発想を促す点で、構造主義に呼応する思想的支柱としても重要です。つまり、ハイデガーは、現代思想における解釈学と記号論の二つの焦点を包括する思想になっているわけです。

フロイトやマルクスにしても、「無意識」や「資本」を読み解くことの解釈学的な源流であると同時に、先ほど言ったように、ラカンがフロイトを、アルチュセールがマルクスを記号学的に読むこともしていたわけで、それぞれ記号学的・解釈学的な源流になっている面があります。

対サルトル体制

――現象学とフランス現代思想はどのような関係にあると捉えればいいですか。

宮崎　フッサールの現象学は、構造主義以前のサルトルやメルロ＝ポンティが受け継いでいますよね。さらに**エマニュエル・レヴィナス**（一九〇六―九五）の名を挙げてもよいでしょう。その意味では、構造主義以降の思想を特徴づける思想ではないように見えます。

もちろん関係がないわけではありません。そもそもフランス現代思想に多大な影響を与えたハイデガーがフッサールの弟子です。リオタールははじめメルロ＝ポンティの影響下にある現象学徒であったし、デリダなんてフッサール研究から出発していますからね。大枠としてハイデガーから遡る線で、現象学の重要性は共有されていたと言えるでしょう。

他方デリダは、フッサール現象学にいわゆる「**現前の形而上学**」を見いだしこれを批判しました。フッサールは「みずからが話すのを聴く」という独白モデルに真理要件を設定した――つまり、独り言を話すときのような閉じた自己意識（＝自己現前）にこそ真理が確保される透明な媒体を見いだした――けれども、デリダはまさにそれが言語そのものの働きによって純粋には成り立たないという意味で形而上学であることを示したわけです。ドゥルーズもまた、デリダとは立場は違いますが、現象学を現代のスコラ学と述べて揶揄《やゆ》していたのを思い出します。

ただフランス現代思想全体としてみると、現象学と対立していたのではなく、構造主義革命を引き受けるという点で「対サルトル体制」があるんですよ。レヴィ＝ストロースのサルトル批判は有名ですが（『野生の思考』に収められた「歴史と弁証法」）、デリダも初期はサルトルを批判しています。サルトルの哲学も現象学を理論的支柱にしていましたが、デリダのように現象学を本格的に研究した世代からしたらサルトルのフッサールやハイデガーの理解は明らかに不正確なものだった。

「対サルトル体制」というのは、逆に言えば、構造主義が出てくるまではサルトルの影響力ってそれだけ絶大だったということです。日本でもサルトルと同時代を生きた人たちや、その少し下のいわゆる全共闘世代ぐらいまでの人たちは、サルトルやアルベール・カミュ（一九一三―六〇）といった実存主義から決定的な影響を受けている人が多いはずです。

こうした経緯からして構造主義以後、サルトルが「現代思想」という括《くく》りで紹介されることはないですね。といって、二一世紀の今となっては、サルトルの再発見はさまざまなかたちで進んできています。言うまでもないですが、サルトルはもはや読むに値しないということではありません。

構造主義とポスト構造主義の関係

——フランス現代思想というと、教科書的には構造主義からポスト構造主義へという流れで説明されます。構造主義とポスト構造主義の違いはどこに求められるのでしょうか。

宮崎　結論からいうと、その二つは明確に分けられるようなものではありません。一般に構造主義に括られるラカンやアルチュセールにしても、**構造主義的な手法を取り込んだうえで、そこから内在的に構造主義批判を展開していきます**。実際、ラカンやアルチュセール、フーコーは初期の段階では構造主義者であることを引き受けていましたが、思想の発展に伴って構造主義を旗印にしなくなっていきました。またレヴィ＝ストロースがいちばん構造主義者らしい構造主義者と言われていますけど、その彼ですら、構造主義的な考え方の限界を指摘している。だから構造主義が生まれたときに、すでに構造主義批判もそこへ埋め込まれていたと言えるわけですね。

これは逆に言うと、ポスト構造主義者であるには構造主義者でなければならないということです。先ほども言いましたが、構造主義って、基本的にはすべてを「共時的」な広がりの関係性において捉える。こうした発想は、構造主義であろうがポスト構造主義であろうが関係なく、共通の出発点です。ただ、こういう共時的な関係主義を突き詰めていくと、**関係を織りなす「システム」そのものが思考の対象となり、それがどのように生成したり変容したりするのかという問いが立ってくる。**これは要するに、時間の概念自体も共時的（＝無時間的）にしか捉えられないはずのシステムがいかに時間を問うのかという、起源や歴史の問いになります。そこを考えるときに、ポスト構造主義的な問題意識が際立っていくということですね。

そもそも「ポスト構造主義」という用語が問題含みなんです。この用語は、構造主義以降の思想がフランスからアメリカへ輸出された際に、それらの思想を再整理して理解する過程で生まれたものです。構造主義には多様な思想家がおり、世代も異なるため、「構造主義」と一括りにすることが難しい。また、構造主義内部には構造主義への批判が埋め込まれている。そのような背景を整理する過程で「ポスト構造主義」というラベルが生まれたのですが、このラベリングはあくまで後付けです。

――なるほど。じゃあ、構造主義はポスト構造主義によって乗り越えられた、といった理解は不正確なわけですね。

宮崎　そうですね。サルトルに対してレヴィ＝ストロースが批判して、実存主義が構造主義に取って代わられたっていうのは、たしかにパラダイムチェンジというか、異なる思想の交代劇だと思いますけど、構造主義とポスト構造主義はそういう対立関係にはありません。**ポスト構造主義者は誰もが構造主義者**なんですよ。

フーコーの権力論

「規律権力」と「生権力」

――ここから個別的な論点についていくつか質問をしていきたいと思います。最初はフーコーに関してです。フーコーの権力論では「規律権力」と「生権力」という二つのキー概念がありますが、両者はどのような関係にあるのでしょうか。

宮崎　規律権力と生権力ってバラバラに理解されているところがあって、フーコーの権力論のなかで両者がどういう位置づけにあるかは、紹介する人でもしばしば混乱が見られますね。まず規律権力からいくと、著作として一九七五年の『監獄の誕生』に出てくる概念です。もう一方の生権力が出てくるのは『性の歴史 1 知への意志』で、これは一九七六年。だから二つはほとんど同時期に出ているんです。

フーコー自身が、規律権力と生権力の概念をどのような段階で思いついたかは、複雑な問題ですが、**両者は必ずしも別個のものではなく、同じプロジェクトの一部**として考えられるべきでしょう。いちばん大きな括りは生権力です。要するに生権力が、フーコーの権力論の基本的な枠組みなんですね。

ミシェル・フーコー（1926–84）
1976年
©Bridgeman Images/ユニフォトプレス

具体的に言うと『性の歴史 1 知への意志』では、生権力は「**身体の解剖‐政治学**」と「**人口の生‐政治学**」という二つの側面から論じられています。そしてフーコーは、身体の解剖‐政治学として規律権力を論じ、人口の生‐政治学として狭義の生権力を論じています。

それぞれもう少し説明すると、**規律権力は、個々の人間が自ら規範を内面化することで、自発的服従の主体を形成していく、そうさせていくような権力のあり方**です。入門書や解説書によく出てくるパノプティコンなどの監視装置は、規律権力の典型的な例ですね。刑務所で言えば、実際に看守が見ているかどうかにかかわらず囚人が「見られていることを前提に」みずから規律正しく振る舞うようになるとき、規律権力が作用していると言える。

一方、生権力は、**マクロなレベルで主体を管理し、集合として見られたその生を統治に活かそうとする権力**です。人口や健康、福祉の統計的な管理などが、生権力を行使する生政治の例としてよく挙げられます。

近代の権力を考える場合に、この二つが合わさって主体を形成し、かつ、全体として主体を管理してきた。そういう権力のあり方として考えるといいんじゃないですかね。

――なるほど。ミクロな個人が規範を内面化する規律権力と、健康診断やコロナ下のワクチン接種のように、マクロな集団の「生」を管理する生政治の両方が、近代の「生権力」というプロジェクトになっているということですね。

宮崎　そうです。コロナ禍での規律権力の歪《ゆが》みは、同調圧力による「自粛警察」や「マスク警察」のようなかたちで現れていました。

それと、マクロな集団の生政治に関連して話しておきたいのが、ドゥルーズの管理社会論です。まだフーコーが存命のときに、ドゥルーズは「管理社会が規律社会に取って代わろうとしている」といった議論をしています。

管理社会とは、かつて東浩紀さんが説明していたように、**アーキテクチャ（周囲の制約構造や生態環境）の設計によって人々の行動をコントロールする環境管理型の権力が支配的な社会**のことです。よく引き合いに出される例で言えば、公園のベンチにひじ掛けをつけてホームレスが寝られないようにしたり、店の椅子の座り心地を調整して客の回転を速めたりする「設計」の権力ですね。行動経済学で「ナッジ」と言われて説明される事態ですが、そこではさまざまなデータをもとにした数量分析がものを言います。

つまりドゥルーズは、権力のあり方が、規律を内面化して従わせる種類のものから、内面化させなくても環境を管理することで個人の行動をコントロールし、全体の意図に従わせるようなものへ重点が移ったと言っている。とすると大局的には、ドゥルーズの言う管理社会論というのは、フーコーの生政治に対応したものなんですよ。生政治とは、人口や寿命、出生率、死亡率といったデータを使って統計的に人間の集団全体を管理するという発想ですから、管理社会論と通底している。その意味で**ドゥルーズは、フーコーの議論をより明確に、管理社会論として打ち出した**格好になります。

——規律社会から管理社会へといっても、まるっきり入れ替わったわけではないと。いまの社会でも、規律権力と環境管理型権力の両方が働いていると感じることがあります。

宮崎　そのとおりですね。規律権力の典型は学校です。つまり大きな空間で多くの人々が同じ行動をし、集団的な規範を形成し、行動様式を身につけている。だけど、この方法だけではうまくいかない場合も増えていますよね。たとえば、登校拒否や学級崩壊などが起こり、精神疾患で休職する教員も増えている。その意味では学校が機能不全に陥っている。そうなると個々の主体に規範形成を任せるだけでは不十分で、新しい補完的な方法が求められるわけです。

そのようななかで**テクノロジーの進歩により、環境を管理するアーキテクチャ型権力がますます前面に出てきている**。コロナ禍は、ＩＴ産業と結びつき、オンラインでのリモート授業やリモートワークを一挙に実現しました。自宅のプライベートな空間も仕事の時間は半ば公的な活動の空間に変えられてしまい、監視対象になるわけです。依然として従来の規律権力と新しい管理型権力の両方が必要ですが、徐々に後者が前者に取って代わってきている局面があるということですね。

「優しい社会」の本末転倒

――規律権力の効《き》きが悪くなっているということは、近代的な主体が立ち行かなくなっているということでしょうか。

宮﨑　社会全体が「優しく」なってるんですよ。規律権力は、同質的な人間の集まりを囲い込んで、それを取りまとめる垂直的な権威がないと機能しません。学校における先生ってそういうものですよね。

ところが現代は、そういう垂直的な関係は忌避され、社会が個人に対して「優しく」なっています。ただ、そうやって「自分で決めていいですよ」と個々の意思を尊重してくれるのはよいとして、言われたほうはどう決めていいかわからないということが起きる。するとと今度はそれを見透かしたかのように、マッチングアプリとかリコメンドサービスといったコンシェルジュ的なサポートやサービスがたくさん出てくるわけですよね。自由な感じはあれこれ演出してくれるけど、実際には誘導されている。大きな失敗はできないようになっている。

でもほんとうのことを言えば、自立した主体を築くにはしんどいことがいっぱいあるんですよ。サルトルが言うとおり、「**自由の刑に処せられている**」からこそ自立が可能になる。だけど現代では、真に自由な決断をしようとすると、社会はそれをフォローしてくれません。あくまでも演出されたかぎりの自由しか享受できないんですね。だから演出レパートリーから外れた自分だけの道を選ぼうとすると、いきなり荒野に立たされているような状況に突き落とされる。とくに日本は人生のやり直しがきかない社会とよく言われますが、そういう背景があると言ってよいでしょう。

——選んでいるつもりが選ばされていると？

宮崎　真剣に選ぼうとはしていても、お膳立てするサービスがあるとついそちらに頼ってしまいますよね。そのほうが楽だから。そもそも選択肢がありすぎると人間は適切に選択できなくなる。結果的に、狭まった選択肢しか与えられず、偶然に身を投じるとか「出会う」といったことが社会からどんどん少なくなっている感じがします。

——その原因の一端が、垂直的な関係の喪失にあるとすれば、それを回復することが必要なんでしょうか。

宮崎　簡単には答えられませんが、垂直的な関係って、人間が大人になるために絶対必要なんですよ。権力的関係を前提としたうえで、はいはいそうですねと言いながら権力をうまくやり過ごす術《すべ》を身に付ける必要もあれば、反対に年長になれば、やれやれ仕方ないと言いながら、権力と付かず離れず垂直的関係を引き受けなくてはならないこともある。社会における権威と信頼関係は表裏一体のもので、完全にフラットな人間関係には信頼も親密さも何もない。

だから昨今の風潮として、なんでもかんでもハラスメントで片付けてしまうことには注意が必要だと思います。SNSがここまで世の中に浸透した現在、多くのやじ馬が簡単に口出しできるようになった。当事者しか知りえない複雑な人間関係の問題も一刀両断にして「炎上」を繰り返しています。しかしミクロな権力を摘発する万能感が、いかにマクロな権力から目をそらすことになっているか考えたほうがいい。

もちろん深刻なハラスメントの問題があり、看過しろということではない。ただ、垂直的な関係が果たす役割についてきちんと考えられることがないまま社会が「優しく」なっていくだけだと、社会全体をますます閉塞《へいそく》させることにつながりかねず、人間関係そのものが機能しなくなるという本末転倒の状況になりかねません。

こうしたことも新たな管理型権力の帰結です。要するにそのようにして**管理社会は、生**

きることの苦労も喜びも含めて生の活力を吸い取り、人間であることの尊厳を私たちから奪っていくわけです。

ドゥルーズとデリダの違い

——一般に、フランス現代思想の特徴として「差異」ということが強調されます。とくにドゥルーズやデリダは、どちらも差異の思想だと捉えられていますが、それこそ、この二人の差異はどういう点にあるんでしょうか。

宮﨑　まず哲学のスタイルが対照的ですね。ドゥルーズにはフェリックス・ガタリ（一九三〇—九二）との共著があり、世間的には『アンチ・オイディプス』（一九七二）や『千のプラトー』（一九八〇）の派手派手しいイメージが先行しているのかもしれませんが、私からすると、ドゥルーズには**古典的な哲学者像を受け継いでいる側面**があります。テクストもかなり体系的な叙述をするし、自分なりの哲学史にもとづいて、特定の哲学者を研究してモノグラフの著書を刊行する。もちろん哲学書としてはたいへん独創的なものですが、スタイル面で見ると、そういうふうに、哲学研究者としての型を保守的かつ律義に受け入れているところがあるんですよね。

デリダは、そういう伝統的な枠組みには耐えられないので、一人の哲学者に特化した「○○論」のようなテクストはあまりないんですね。最初期のフッサール論を除けば、ハイデガー論やマルクス論と言える著作はあるけれど、実際に読んでみると、一部分だけの解釈しかしてないとか、マルクスを論じていると思ったら話が全然違う方向に行ったりとか、そういうテクストばっかりですよ。もちろんデリダはわざとやっている。基本を押さえて、そこから議論を始めましょうみたいな教科書的な展開には耐えられないんですね（笑）。そういう**制度的な枠組みに閉じ込めた途端にテクストは死ぬという感覚**が、デリダにはあるんじゃないかなと思います。

ジル・ドゥルーズ（1925–95）
1965年
©Bridgeman Images/ユニフォトプレス

かといってドゥルーズがオーソドックスな哲学研究をするかというと、そうではない。つまり、カント、ヘーゲル、フッサール、ハイデガーといったメインストリームの哲学史には乗ろうとしない。彼が取り組むのはスピノザ（一六三二―七七）だったりアンリ・ベルクソン（一八五九―一九四一）だったり、どちらかというと**マイナーに見られていた哲学者の系譜**です。ドゥルーズはデリダとは違い、哲学をすること、自ら哲学者としてそうすることを積極的に肯定していました。いっけんマイナーな哲学史を選び取っていくことも、そのことによって哲学者であることの積極的な意味を自分なりに見いだしているように思いますね。

――ベルクソンも、ドゥルーズの時代だと忘れられつつある哲学者になっていたんですか。

宮崎　そうですね。ノーベル文学賞も受賞していて、もちろん偉大な哲学者なんだけど、サルトル以降の時代でそれこそ現象学やハイデガーといったドイツ哲学のインパクトが押し寄せていた当時は、フランスのアカデミーに守られた一九世紀の古臭い講壇哲学者という受け取られ方が主流だったと思います。そういう状況でベルクソンを根本的に読み直して再評価の機運をつくったのがドゥルーズでした。

「生の哲学」と「生き延び」の哲学

――デリダとドゥルーズのスタイルの違いは、思想の中身としてはどのように現れているんでしょうか。

宮崎　ドゥルーズとデリダは、「**内在**」と「**超越**」というキーワードで対比することができます。ドゥルーズが好んだスピノザは、唯一無限の実体から出発して汎神論的な哲学を展開していくわけですが、そこでは私たち人間を含めた万物は神という実体の一部にすぎない。個物はそうした実体が変状《へんじょう》して生じたさまざまな様態のもとで存在している。私たちはそのような仕方ですでにして充足した存在であり、唯一無限の実体に含み込まれている。内在と言われるゆえんです。そういう**内在一元論にドゥルーズは自覚的にコミットして、独自の哲学史を描こうとしました。**

他方のデリダは、**カント以降の超越論哲学の枠組みを、批判するためにいったんそのまま引き受ける**んですよ。カントは、人間という有限な主体の経験や認識がいかなる制約のもとで可能か、その可能性の条件を問うわけですよね。だから決して一元論にはならず、有限な主体（手前）とその向こう側の世界とが二元論的に構成されます。ここに此岸《しがん》と彼岸《ひがん》という構図、つまり、超越的なものをあくま

ジャック・デリダ（1930–2004）
1999年
©Bridgeman Images/ユニフォトプレス

で有限な主体として反省するという超越論哲学の枠組みがつくられます。こうした二元論的な枠組みそのものは、デカルトから明確にあり、近代哲学の前提になっているわけですが、デリダはその系譜に入り込んでその内側で格闘する。

だからドゥルーズが**内在一元論**だとしたら、デリダは二**元論から出発する有限性の哲学**です。ドゥルーズが「**生の哲学**」だとしたら、デリダは「**生き延び**」**の哲学**だと言うこともできます。「生の哲学」では、私たちはすでに肯定されている生をあるがままの必然性のもとで開花させるだけだ、ということになる。それに対して、「生き延び」は、晩年のデリダがよく使った概念で、生にはつねにさまざまな死や暴力が付きまとうような有限性が刻み込まれており、そのように生のなかにもともと折り込まれた死を乗り越えることに私たちの生そのものの存続が賭けられている。私はそれを「**死後の生**」と呼んで、いわゆる生の哲学とは異なる、デリダ自身の生の哲学の特徴を示そうとしました（宮崎裕助『ジャック・デリダ』参照）。

——面白いですね！　たしかにドゥルーズが論じたスピノザにせよベルクソンにせよ、内在一元論的です。それに対してデリダは二元論で、あくまで有限な人間にこだわるわけですね。

宮崎　そういう意味でドゥルーズの哲学は、哲学のある種の特権性を最大限に活用しているんですね。スピノザのような無限実体の哲学って、いったいどの視点から書かれているのかと思うじゃないですか。あなたはこの世界に生きる一人の人間でしかない。そういう人がどこから、すべてを見通すような幾何学的な体系を打ち出せるんだろうと。でも、それができるのが哲学者である、それを肯定するのが哲学者の仕事であると、ドゥルーズは思っていたはずです。

デリダはそうではなく、あくまで有限性から出発します。だからバシッと体系が決まっているような哲学は打ち出せないし、それゆえひたすらテクストを条件として、それを読解していくというスタイルを取るわけです。それは、ハイデガー以降、形而上学の終焉が言われるなかでいかに哲学を再開するか、あるいは、**哲学が終わった後でいかに哲学的な思考ができるのか**、という格闘のドキュメントでもあったと思うんですよ。ドゥルーズは形而上学の終焉など知ったことかと、あっけらかんと哲学を肯定しましたが、デリダも哲学の終わりと対峙《たいじ》したという意味では決して哲学を放棄しているわけじゃないんですね。

いま見てきたように、スタイルや思考方法には対立点がありますが、デリダはドゥルーズが亡くなったとき、彼を同世代でもっとも近い人物として称《たた》え、オマージュを捧げていました。そういう根本的な連帯感は存在していたし、最終的に考えようとしていることは非常に近かったと思います。

ただ、晩年のことを考えると、ドゥルーズの自殺は無視できない事実だと思うんです。ドゥルーズが亡くなったのは一九九五年で、私は大学三年生でした。フランス現代思想に関心を持ち始めていろいろ読んでいた矢先に、同時代の著名な哲学者が自死したことを知り、素朴にショックを受けたのを覚えています。生の肯定を打ち出す哲学としてドゥルーズの自殺をどう考えればよいのか。彼の自殺は悲劇的ではなく、むしろ雨が止むようにスッと消え去っていくようなものだった——そのように言う人もいて、理解できないことはないですが、なにか釈然としないものが残ります。

他方、デリダは病を抱えながらも、晩年になればなるほど活発に活動し、生き急ぐようにして「生ききった」感じがあります。ナイーブと言われるかもしれないですが、私はデリダのそういうところにシンパシーを感じます。

脱構築を使い回せ！

日本語の「換骨奪胎」に近い

——デリダといえば「脱構築」という言葉こそ知られていますが、脱構築がどういう考え方なのかはあまり理解されていないような気がします。

宮崎　デリダ自身は、脱構築は汎用《はんよう》的な方法や道具ではないことを何度も強調していて、広く理解されることを拒んでいるように見えます。だけど私自身は、少なくとも日本ではもっと脱構築を思考の道具として使い回したほうがいいんじゃないかと考えています。この方法は、いったん濫用《らんよう》するぐらいじゃないと、適切に理解して使うことはできませんから。

私が授業などでデリダの脱構築を教える場合、日本語では「換骨奪胎《かんこつだったい》」に近いという話から入るんです。換骨奪胎とは要するに見かけの形は変わらなくても、中身の本質をつかんで別のものへと変容させてしまう手法だと理解すればいいでしょう。

——脱構築がグッと身近に感じられてきました（笑）。

宮﨑　抽象的に言うと、脱構築は、関わっていく対象に向けて、外から別の要素をぶつけて壊すのではなく、対象そのもののなかに深く入り込み、その内部を組み換えることを通じて、内側から対象の別のポテンシャルを引き出すことを特徴としています。だから換骨奪胎とけっこう似ているんですよね。

次に何を脱構築するのかという話ですが、一般的には、**二項対立の構図が対象になります**。二項対立といっても、対立していればなんでもいいわけじゃありません。脱構築の対象になるのは、二項の間になんらかの力関係や支配関係があるときです。デリダでいえば、現前／不在、自己／他者、同一性／差異、内部／外部、話し言葉／書き言葉といった二項対立になります。脱構築は、こういった支配関係や上下関係にある概念を内側から組み換えていくものです。だから、どういう二項対立を批判していくのかという問題意識が不可欠になります。

ここまでが準備編だとして、ここから実践編に入ります。脱構築のファーストステップは、対象とする二項対立に対して、「X＝非X」という弁証法的な論理を見いだすことです。「X＝非X」というと突飛《とっぴ》に思えるかもしれませんが、ことわざや故事成語には、「X＝非X」のような表現がたくさんあるんですよ。典型的なのは「急がば回れ」です。

――なるほど！　「急ぐ＝回り道をする（急がない）」ということですね。

宮崎　そうです。急いでいるときほど回り道をするぐらいにゆっくり冷静沈着に行動しなさいという意味ですよね。「X＝非X」という弁証法をもう少しわかりやすく言うと、「XであればあるほどX非X」という論理に落とし込むことと言えるでしょう。「急がば回れ」でいえば「急ぐのであればあるほど、そのぶん落ち着いて行動しなさい」ということです。

これを、階層関係にある二項対立に当てはめてみましょう。優位なものの本質を突き詰めれば突き詰めるほど、劣位なものに依存せざるをえなくなるというジレンマに持ち込むのです。そうやって、**二項対立に見える事柄が、ほんとうは相互依存関係、共犯関係にあることを明確にする**わけです。

実はここまでのステップは、扱う二項対立の性格を除けば、弁証法と区別がつきません。先の話も、ヘーゲルの『精神現象学』にある主人と奴隷の弁証法としてよく知られた論理です。ただ、ヘーゲルの場合、弁証法はより高次の段階に進むために、二項の間の対立を無効化するようなロジックを見いだすプロセスとしてあるんですが、脱構築では同じ論理を「**決定不可能性**」を言うために用いるわけです。

――「決定不可能性」というのは、二項が相互依存や共犯の関係、いわば持ちつ持たれつの関係にあるということですね。「Xであればあるほど非X」という場合、「X」のほうが支配的な項ということですか。

宮崎　はい。権威とされている側がXですね。だから権威的・支配的なXをいったん受け入れ、それが劣位な側と持ちつ持たれつであることを示すことで、二項対立を内側から無効化するというかたちになります。

この段階を経て、最後のステップに至りますが、それは、対象とする二項対立の設定を無効にしたり、ズラしたりするために「**名指し**」をすることです。この名指しによって、**既存の力関係が組み換えられることが明確になる**わけです。デリダの著作にはたくさんの造語とも新語ともつかない言葉が出てきますが、「差延《さえん》」「原‐痕跡」「パルマコン」「代補」といった、一見奇妙な概念がこの「名指し」にあたります。

「英語／日本語」を脱構築する

宮崎　もう少し身近な例として「英語／日本語」という二項対立を考えてみましょう。

現代はグローバル化が進み、英語が社内公用語として使われるケースも増えています。すると、日本語を母語とする日本人にとって、日本語が隅に追いやられているように感じられる。でもそこで「英語に対抗して日本語化をもっと推進すべき」と日本語に固執することは、問題から目を背《そむ》けることになり、内に閉じこもることでかえって英語の覇権に力を貸すということになりかねません。

じゃあどうするか。英語か日本語かという二者択一ではなくて、英語を引き受けなければいけない局面は必ずあるし、それは避けがたい。だから英語を学ぶ必要はあるんですが、アメリカ人やイギリス人のように完璧に英語を使わなければならないという強迫観念に囚《とら》われるのは考えものです。日本人は他国人と比べて英語を勉強しているはずなのに苦手だとはよく言われますが、こうした強迫観念は言葉の使用を妨《さまた》げてしまう。

しかしそもそも世界で「正しい英語」など話されているのか。実際、「英語」は単一ではない。世界中で英語が使われている現場に行けば、そこで聞こえてくるのは、訛《なま》りだらけ、方言だらけの実に多様な英語です。だったら日本語を母語としている日本人も、日本語訛りでどんどん英語を使っていけばいいんですね。

実は**これが脱構築の「X＝非X」に相当します**。つまり、日本語訛りの英語を通じて、英語を乗っ取ってゆく。そうやって「英語」の規範的な「正しさ」を内側から掘り崩してゆけばいいんです。

ここで「名指し」が有効になります。以前、非ネイティブの話者がコミュニケーション・ツールとして用いる共通言語としての基本英語を「グロービッシュ（Globish）」と呼ぶことが提案されました。これは、脱構築された英語に対する、一つの命名ですよね。日本人の英語を自虐的に「ジャパングリッシュ」と呼んだりしますが、自虐ではなく、プレイン・イングリッシュ（平明な英語）を積極的に指すこれらの命名を逆手にとることで、英語を母語としない外国人たちが勝手に英語を使い回していく。そうすれば、クイーンズ・イングリッシュのような「純粋な英語」が頂点にあるという階層秩序が内側から崩されるわけです。

——ある意味、他の国の人たちはすでに訛った英語を使いまくることで、英語を脱構築しちゃっているわけですよね。日本の非ネイティブもそれをどんどんやっていって、英語を内側から外国語にすればいいと。その名指しが「グロービッシュ」ということですね。

宮﨑　そのとおりです。英語の多様さを積極的に引き受けていけば、もはや「訛り」ですらなくなっていくわけですよね。それが英語を脱構築するということです。

そもそも英語（イングリッシュ）という名称からして変なんですよ。実際にはアメリカ英語としてこれだけ広がっている現状からすれば「米語」と呼ぶべきなのに、そうはなっていない。英語じたいが英国のものではなくなっていることの証左であり、すでに脱構築されているんですね。

肯定の思想としての脱構築

――「二項対立を決定不可能にする」ことだけを目的にしていては、どうしても「結局、どうすればいいの？」と思ってしまうけれど、「名指し」というプロセスがあると、脱構築の積極的な面が見えやすくなりますね。

宮崎　たしかに、何でもかんでも決定不可能性に持ち込む脱構築なんて知的退廃だとか悪しき相対主義だとか、いろいろ悪口が言われてきました。でも脱構築のキモは、そういう否定的なことじゃなくて「肯定」なんですよ。

じゃあ**なぜ二項対立の決定不可能性にこだわるかというと、二項対立では捉えられないものがあることが明確になるから**です。つまり脱構築というのは、手持ちの概念枠では捉えられないものがあるってことが明確になる瞬間なんですよね。そしてその瞬間は、積極的な介入のチャンスが生まれる瞬間でもある。だから名指しは、脱構築の肯定的な身振りを説明するものになるわけです。

――単に攪乱《かくらん》とか混乱させるのが脱構築じゃないということですね。

宮崎　そうなんです。実際デリダも、脱構築には決定があり肯定があると強調しています。二項対立の混乱や攪乱じたいが目的ではなくて、それによって、いままで見過ごされていた問題領域を示そうとしている。これまでの概念的な枠組みでは捉えられないものを表すという仕方で肯定しているわけです。

だけど、単に決定不可能性を示すだけでは、肯定の身振りは見えにくい。私が名指しにこだわるのは、脱構築が肯定の倫理であることをはっきり示したいからです。

デリダが「差延」や「原 - 痕跡」という奇妙な言葉遣いをするのも、これまでの概念で捉えられなかったものへとにじり寄るためなんですね。もちろん言葉にした途端にまたすり抜けていくものがあるわけですけど、名指しはそれも含めて示唆しているんです。

――ということは、一度、脱構築したらそれで終わりということじゃないんですよね。

宮崎　最善の答えというものはつねに脱構築される運命にあります。現在の状況にもとづいて、後ろ髪を引かれながら「いまはこうでしかない」という決断をする。そこにはつねに諦《あきら》めや後悔が伴う。だからまた次の一歩を求めなければならないんですね。

どこかの発言で、デリダがかつてやりとりした手紙の束を焼き捨ててしまったことをすごく後悔するくだりがあるんですが、それがとても印象的で、私には、デリダはつねに過去の記憶にこだわり、あれこれ後悔している哲学者というイメージがあります。ハイデガーはかつて哲学の根本気分とは郷愁であると言っていましたが、デリダにとっては、それは過去に固執することでこそ、未来を切り開こうとするノスタルジー、いわば**帰郷なき郷愁の哲学**なんです。

――「やりきった」という感じが持てないのは、つらくないですか。

宮﨑　そのたびに引き裂かれて、しんどそうに見えるけど、「やりきった」というのは裏を返せば未来の否定でもあるんですね。もうこの先はない、と。そうではなく「やった」感じと「やりきれない」感じに引き裂かれること、デリダはそれこそがまさに生の喜びだと、晩年のインタビューで言っています。私も、それを、ほんとうにそうだよなぁと深くうなずきながら読みました（笑）。

そのくらい、**脱構築には切実さが伴う**ということだと思うんです。だから脱構築する二項対立の問題に深くコミットすることなしには、どこに反転させる契機があるかも見えてこない。脱構築によって新たな概念枠を手にしたとしても、それによっても捉えられないものがあることがいずれは判明するはずです。そういったことを織り込んだうえで、それでも出てくる言葉や「名指し」にこそ切実さが宿るわけです（脱構築についてのより詳しい説明は「脱構築のトリセツ」『ゲンロン15』所収参照）。

なぜ精神分析が重要なのか

「可能性の条件を問う」態度

――現代思想の大きなリソースになっている精神分析についてお聞きします。精神分析の知は、フランス現代思想にかぎらず、人文的な知の基礎教養となっているところがあります。あらためて、臨床的な問題も含めて、精神分析の持つ重要性について解説をいただけますか。

宮﨑　私には精神分析の経験がまったくないので、臨床的なことについては一般的なことしか言えません。それを前提に言えば、現在、精神医学ではアメリカの影響が圧倒的に大きく、日本の精神医学も、ＤＳＭと呼ばれるアメリカ発のマニュアルに則《のっと》って診療が行われています。アメリカ的な精神医学は、エビデンスに立脚していますが、治療の重要な部分を薬の処方が占めるんですね。そのため、フランスを中心とした精神分析は、臨床の現場では非常にマイナーになっています。

だからといって精神分析が重要でなくなったかというと、まったくそんなことはありません。哲学的に言うと、**精神分析が発見した「無意識」には、「超越論的な」構造がある**んですよ。先ほどのデリダとカントの話でも出てきましたが、「可能性の条件を問う」という態度です。人間の意識が、無意識という解明されてない基盤の上に成り立っていることを、意識自身が問い尋ねる。もう少し言うと、意識という、人間が自覚し認識できていると思われる世界があるとして、その認識可能な世界がどのように成り立っているのか、その条件を考えるうえで、人間が意識できない部分である無意識こそが意識のありようを規定しているのではないかという視点から、意識自身がその基盤について問うということになります。フロイトはこういう超越論的な態度を発見したわけです。

これは精神医学の文脈での役割はもちろんあるけれども、そこに留まらない広がりを持っている。言語であれ、経済であれ、政治であれ、芸術であれ、歴史であれ、それらの可能性の条件を「無意識」のレベルから問うことはつねに可能です。解釈技法としてこれほど有能なものはない。なかでも**「欲望」の問題**は重要です。欲望ということが視野に入らないと、現代思想の広がりはまったく見えなくなってしまいます。

フロイトは無意識を発見し、**「自分が何を欲しているのか」を当の主体は知ることができないという、欲望の構造**を看破しました。よく哲学の問いとして、自由意志はあるのかないのかが話題になりますが、もちろんこれからあれをしよう、これをしよう、目の前にあるペンを持ち上げよう、そういうレベルでは意志の自由は存在しています。しかしなぜそう思ったのか、なぜそうした選択をしたのか、そうした選択をする事態になぜ自分を置いたのか、その背後にある因果の連鎖や欲望の在《あ》り処《か》を捉えようとした途端に「なぜ私は～を欲するのか」の問いと答えは途切れてしまうことがわかります。そのレベルでは自由意志など存在しないんですね。**ならば、欲望はどこからやってくるのか**。こういう問題に答えてくれるのが、フロイトやラカンの精神分析の知だと言えます。

人文的な知としての可能性

宮崎　ところが学術的な場面でも、精神分析の存在感は後退しています。一般的には、進化生物学や行動心理学が、生物的な特性やデータにもとづいて客観的に心の構造を解明できるし、いま言った自由意志の問題なんかも、よく言われるベンジャミン・リベットの実験結果（人間の行動には自由意志が働く以前に脳内の生理学的な作用が生じるため、行動の開始に意志は関与しないという主張を導く）なんかに沿ったかたちで**意志の自由を否定する議論**がなされている。

それに対して精神分析は、「無意識」という、それじたいは観測できないものを内面に設定して患者に問いかけ、言語的なやり取りを解釈することで欲望の在り処や心の仕組みを解明するというアプローチをとる。こんなやり方は、非科学的なんじゃないかということになります。

ジークムント・フロイト
（1856–1939）
1921年頃（撮影：マックス・ハルバーシュタット）

でも、**精神分析的な知が重要なのは、まさに客観的な観点から心や欲望を捉えることはできないと明らかにしたから**です。もちろんエビデンスやデータ、医学的な知識は重要です。しかし、心を問題にする場合、問題にする人自身が問いのなかに巻き込まれざるをえないんですね。エビデンスやデータも、どんなものが必要なのかをあらかじめ定めたうえで、それらをどう取り出すか、どう読み取るかといった取捨選択に意味解釈の水準が必ず関わってくる。だから精神分析では、治療の核に、言語的なコミュニケーションを置くわけです。もちろん薬も処方するけれど、それでも患者との言語的なやり取りをベースに置く理由は、つまるところ第三者的な観点で心を捉えることはできないという前提から出発しているからです。心への問い、無意識の問いには、医者ですらも当事者性を避けることができない。

こうした臨床での格闘を通じて、フロイトは精神分析を学問として成立させました。そこで得られた知見は、哲学や文学をはじめとした人文的な知に決定的な影響を与えています。実際、フロイト自身も治療だけでなく、文学や芸術、さらには宗教、戦争、文明といったことも議論している。つまり**精神分析的な知は、個人や実存の問題だけでなく、集団や社会に対しても無意識や欲望という点からアプローチすることを可能にしている**わけです。

このような豊かな知が文系の学問としては専門的に教えられていることが日本ではあまりないというのは非常にもったいないと思います。精神分析は臨床的方法であって、医者になるのでもなければ、人文学で教えたり学んだりすることは無駄と言う人もいます。しかし精神分析の基本的な技法が言語的コミュニケーションであればこそ、臨床的なコンテクストを通じて一つの解釈学を発展させてきたのであって、これは人文学的な技法と切り離すことはできないのです。

なぜ性に結びつけるのか

——精神分析に対して、なんでもかんでも性に結びつけて説明する、といって批判するような見方があるじゃないですか。この点については、どうお考えですか。

宮崎　それこそ構造主義的に考えるべきです。たとえば、父親を殺して母親を得たいという男児の欲求、いわゆるエディプス・コンプレックスは、フロイトの精神分析にとって、人間にとって性的関係がいかに重要かを示す根本問題です。授業などでそうしたことを説明すると、「母親に欲情した覚えなどない」し、そもそも「うちは一人親家庭なので当てはまらない」という意見が学生から出るんですね。

だけど、そういうことではない。精神分析では、**母子の原初的な二者関係に介入してくるような父親的な役割を果たす第三者が必ず存在する**と考えます。それが親戚のおじさんであったり、自分のおばあさんであったりしてもいいわけです。これはあくまで関係性として捉えられているのであって、フロイトの理論はこんなふうに実体化することなく、つねに役割や関係性という水準で考えないといけないんですよ。そうした関係性の水準で働く論理を理解すれば、エス―自我―超自我の（第二）局所論や、ラカンの鏡像段階論なども、エディプス・コンプレックスの理論の変奏であることがわかります。

要するに、性やセクシュアリティの問いが明らかにするのは、どんな人間も非対称的な二者関係とその調停に関わっているという普遍的な問題です。それも哲学で言われるような自己と他者の問いにとどまらず、身体を介した欲望の葛藤として関わっているということです。

「ポストモダン」という用語の問題

揶揄する言葉

――最後の質問です。フランス現代思想は「ポストモダン思想」と呼ばれることもあります。また、先ほどのデリダに対する批判とも重なりますが、最近はポストモダンがシニカルな相対主義をもたらしたといった批判も見受けられます。この点について、宮崎さんはどのようにお考えでしょうか。

宮崎　二〇二一年の『現代思想』六月号に「いまなぜポストモダンか」という特集があり、そのなかで千葉雅也さんや大橋完太郎さんと、ポストモダンについて鼎談《ていだん》をしました。事実的なことから話すと、ポストモダンという言葉をフランス現代思想の文脈で自身の立場にからめて積極的に使っているのは、実はリオタールぐらいです。日本ではそういうことも知らない人が「ポモ」とか言って、ポストモダンの語を揶揄や侮蔑の意味で使うことが多いんですね。

その場合、ポストモダンという言葉は、近代社会が作り上げた啓蒙や理念を根こそぎ相対化して破壊するような退廃的な意味合いで使われる。そういう状況をふまえると、フランス現代思想をポストモダンという言葉で切り取ることには、基本的に私は反対です。

ただ、なぜポストモダンが揶揄の言葉として使われるようになったのかということも考えておく必要があります。先ほども少し触れましたが、英語圏では一九七〇年代に、フランス現代思想が「フレンチ・セオリー」と呼ばれて大学の人文系の学部を席巻《せっけん》しました。この流れは、フランス現代思想が最新の流行としてもてはやされる一方で、多くの反発も引き起こしたんですね。その反発を増幅させたのが、一九九五年に起きたソーカル事件です。

　この事件で物理学者のアラン・ソーカル（一九五五―）は、パロディ論文を匿名《とくめい》で投稿するという手法――このやり口はアカデミズムの信頼関係を踏みにじるもので研究倫理上は許されない手法です――を用いて、ラカンやドゥルーズ＝ガタリらの数学的な比喩がいかにずさんかを喧伝した。それをきっかけに、フランスの「胡散臭《うさんくさ》い」知的流行なんてやっつけてしまえということが、大っぴらに言われるようになりました。「ポストモダン」という括りは、そういった反発を投げつけるのにもっとも便利な言葉だったわけです。

二一世紀型のポストモダニズムのために

宮崎　ただ、二〇〇〇年代以降は、フランス現代思想とは別に、ポストモダンとの関連で考察ができそうな新たな時代の変化がありました。先ほど触れた『現代思想』のポストモダン特集の鼎談でも話題になりましたが、金融資本主義や情報技術革命、カルチュラル・スタディーズの勃興、政治的には、アイデンティティ・ポリティクスが絶えず議論になり、SNSが根づくなかで陰謀論やポストトゥルースと呼ばれるような情報の氾濫もあった。結果、ブレグジットや、トランプ前大統領が国会襲撃事件を煽《あお》ったというような事件も起こりました。

これらの一連の出来事を、アメリカの思想家フレドリック・ジェイムソン（一九三四―）がかつて述べていたような「ポストモダニズム」のカテゴリーの延長線上でもう一度、検証し直す余地があると思います。つまり後期資本主義を特徴づける時代区分としてのポストモダニズムはいったいどこまで有効なのか、二一世紀型のポストモダニズムをどのように考えるべきなのか、といった議論が必要になってきます。

もはや時代は「ポスト・ポストモダン」に入っているのかもしれません。いずれにしても「ポストモダン」や「ポストモダニズム」という言葉は、フランス現代思想を揶揄する語としてではなく、**近代《モダン》とは異なる歴史的現象を冷静に分析するための、中立的な記述語**として使われるようになることが望ましいと思いますね。

第4章ブックガイド　宮﨑裕助

千葉雅也『現代思想入門』（講談社現代新書、二〇二二）

この分野で最初に手に取るべきはまずこの一冊。フランス現代思想はとかく難解だと敬遠されてきた。本書はただ難解なのをカットしてわかりやすくするのではなく（そういう本は他にもいっぱいある）、親近感のわく絶妙な語り口で、現代思想の勘所を現代日本語に翻案してくれる。フランス現代思想の主人公たちの主著は、刊行が半世紀以上前で、もはや「現代」ではないと言われることもあるが、本書によって私たちの同時代の現代思想として甦《よみがえ》った。

浅田彰『構造と力――記号論を超えて』（中公文庫、二〇二三）

言わずと知れたニュー・アカデミズムの古典（原著一九八四年刊）。日本での「フランス現代思想」の実質的な展開は、本書から始まったと言っても過言ではない。本書は、フランス現代思想が前提としている錯綜した文脈を、驚くべき力業で、近代国家論・資本主義論・イデオロギー論の一貫したパースペクティブへと再構成し、構造主義以降の思想が切り開いた革命的な射程を解明している。現代思想の用語が乱舞して難しそうに見えるが、論旨はきわめてクリアだ。二〇二三年ついに文庫化されたことで、新たな読み方が出てくることを願う。

西谷修『夜の鼓動にふれる——戦争論講義』（ちくま学芸文庫、二〇一五）

一見するとフランス現代思想の入門書に見えないが、大学での一連の講義にもとづき、読みやすく構成されている。右で触れた『構造と力』からは、二〇世紀の世界大戦の経験が現代思想に落とした影（夜）の部分が見えてこない。フランス現代思想においてハイデガー、レヴィナス、ブランショといった思想家の果たした重要な役割については本書が補完してくれる。

渡名喜庸哲『現代フランス哲学』（ちくま新書、二〇二三）

半世紀以上も前の書物にもとづく「現代」思想ではなく、現代思想の「現在」はどうなっているのか。フーコー、ドゥルーズ、デリダ世代に続くフランス思想の網羅的なマッピングを本書は試みている。情報量が多く、通読には向いていないが、読者が関心のあるトピックをさらうための事典的使用に有効な本。ただ、ここまで詳細になると「フランス」という枠組みそのものを疑う必要がある。次の一歩として、アガンベン、ジジェク、ジュディス・バトラー、柄谷行人等々、グローバルに展開する現代思想の「現在」に視野を開くべきだろう。

終　章

「修行の場」としての哲学史

國分功一郎

國分功一郎

こくぶん・こういちろう

1974年、千葉県生まれ。
東京大学大学院総合文化研究科教授。
早稲田大学政治経済学部卒業、
東京大学大学院総合文化研究科博士課程修了。
博士(学術)。専門は17世紀哲学、現代フランス思想。

主要著書

『スピノザの方法』(みすず書房、2011)

『暇と退屈の倫理学』(朝日出版社、2011→『暇と退屈の倫理学 増補新版』太田出版、2015→新潮文庫、2022、紀伊國屋じんぶん大賞2011大賞)

『ドゥルーズの哲学原理』(岩波現代全書、2013)

『来るべき民主主義——小平市都道328号線と近代政治哲学の諸問題』(幻冬舎新書、2013)

『近代政治哲学——自然・主権・行政』(ちくま新書、2015)

『民主主義を直観するために』(晶文社、2016)

『中動態の世界——意志と責任の考古学』(医学書院、2017、第16回小林秀雄賞、紀伊國屋じんぶん大賞2018大賞)

『原子力時代における哲学』(晶文社、2019)

『〈責任〉の生成——中動態と当事者研究』(共著、新曜社、2020)

『スピノザ——読む人の肖像』(岩波新書、2022、第11回河合隼雄学芸賞)

『目的への抵抗——シリーズ哲学講話』(新潮新書、2023)

カント先生から哲学史の意義を学ぶ

——一口に哲学に入門するといっても、さまざまな入門の仕方があると思います。哲学入門書でも、固有名詞や専門用語を使わずに哲学的思考を身につける本もあれば、具体的なテーマを入り口にして哲学に誘《いざな》うような本もあります。

このように哲学に入門する複数の道があるなかで、哲学史を学んで哲学に入門することにはどのような意義があると思われますか。

國分　いま質問いただいたような問題を考えるようになったのは、自分が教員になって哲学の授業をするようになってからのことです。それまでは、スピノザやドゥルーズのテクストを一つひとつ理解しようと必死に勉強してきただけで、哲学史を学ぶ意義を真剣に考えたことはなかったんですね。

しかも僕は社会科学系の出身で、日本の大学では文学部の哲学科に在籍したことはないので、日本の文学部での哲学史の授業がどういうものなのかも経験していません。だから自分が授業をするようになってからは、自分なりに哲学史を学ぶことの意義を模索してきました。だから今回は、哲学史についてこれまで考えてきたことを話すいい機会だと思っています。

前置きはこのくらいにして本題に入ると、実は以前、カントの『純粋理性批判』のなかのある一節を読んで、それが僕の考えていたことそのものズバリだったというか、「カント先生、そうですよね！」という納得感が得られるものだったんです。だから、今日はそれを引用しながらお話しさせてください。

――よろしくお願いします。カント先生がどんなことをおっしゃっているのか、興味津々です。

國分　引用するのは、『純粋理性批判』の第二部「超越論的方法論」にあるテクストです。ちなみに、『純粋理性批判』は大きく「超越論的原理論」と「超越論的方法論」という二つのパートに分かれているんですけど、超越論的方法論は超越論的原理論に比べるととても短いので、付録のようなものとして受け取られがちです。このパートについてドゥルーズは、「これはほとんど理解されていない。カントによれば、この〔『純粋理性批判』という〕書物の全ては、方法を論じた百ページに満たないこの第二部を導入するものであるというのに」と言っています（ドゥルーズ『基礎づけるとは何か』國分功一郎、長門裕介、西川耕平編訳、ちくま学芸文庫、一三八頁）。こういう目配りの仕方にも、ドゥルーズのセンスのよさが現れています。

さて、この「超越論的方法論」の終わり近くに「哲学を勉強するとはどういうことなのか」を説明している箇所があるんですね。大事なところなので、少し長いのですが、そのまま抜き出します。

……それゆえ、すべての理性の学（ア・プリオリな）のうちで学習されうるのは数学だけであって、しかし哲学（それが歴史学的なものでないかぎり）はけっして学習されえず、理性に関して言えば、たかだか哲学することだけが学習されうるにすぎない。

ところで、あらゆる哲学的認識の体系が哲学である。哲学が、哲学することのすべての試みを判定する原型と解されるときには、哲学は客観的な意味のものでなければならず、この原型はあらゆる主観的哲学を判定するのに役立つべきであるが、そうした主観的哲学の構造はしばしばきわめて多様であり、きわめて変化しやすいものである。かくして哲学は、どこにも具体的には与えられていない可能的な学という一つのたんなる理念であるが、長いこと、人は種々さまざまな道をたどってそうして理念に近づこうと努めるのである。ついにはその結果、感性のせいでひどく雑草の生い茂った唯一の小径《こみち》が見いだされ、これまで失敗してきた模型を、人間に許されているかぎり、原型に等しくすることが成功するにいたるのである。そのときにいたるまでは人はいかなる哲学をも学習することはできない。なぜなら、どこに哲学はあるのであろうか、誰が哲学を所有しているのであろうか、また何にもとづいて哲学は認識されるのであろうか？　人が学習しうるのは哲学することだけである。言いかえれば、理性の普遍的な諸原理を遵守しつつ或る種の現存する試みに即して理性の才能を鍛錬することだけであるが、それにもかかわらず、そうした現存の試み自身をその源泉において探究して、確証し、あるいは拒否する理性の権利は、つねに保留されているのである。

しかし、そのときにいたるまでは哲学という概念は、一つの学校概念にすぎない、すなわち、学としてのみ求められ、そのさいこうした知識の体系的統一以上の何ものかを、したがって認識の論理的完全性以上の何ものかを、目的としてもつことのない認識の体系という学校概念にすぎない。しかし、さらに世界概念（conceptus cosmicus）というものがあるのであって、この世界概念は、哲学という名称の根底にいつでも置かれていたし、とりわけ、この概念がいわば人格化されて、哲学者という理想において一つの原型として表象されたときには、そうである。この点に関しては哲学は、すべての認識と人間的理性の本質的な諸目的（teleologia rationis humanae）との関連についての学であり、また哲学者は、理性技術者ではなく、人間的理性の立法者である。そうした意味においては、おのれ自身を哲学者と名づけ、理性のうちにしかひそんでいない原型と同等であると僭称《せんしょう》することは、きわめて思いあがったことであると言わなければならない。

数学者も、自然科学者も、論理学者も、前二者が総じて理性認識において、後者がとくに哲学的認識において、どれほどすばらしい進歩をとげたにせよ、それでも彼らは理性技術者でしかない。さらに理想における教師というものがあるのであって、この教師は、これらの理性認識すべてを査定し、それらを道具として利用し、かくして人間的理性の本質的な諸目的を促進する。こうした教師だけを私たちは哲学者と名づけなければならないであろう。しかし、そうした哲学者そのものはどこにも見いだされないが、そうした哲学者の立法の理念はいたるところであらゆる人間理性において見いだされるから、私たちはもっぱらこの後者に固執して、何を哲学が、このような世界概念★にしたがって、体系的統一に対して目的という観点から措定《そてい》するかを、いっそう詳しく規定してみようと思う。

★ここで世界概念というのは、あらゆる人々が必然的に関心を抱くものにかかわるような概念にほかならない。したがって私は、或る学が或る種の任意の諸目的に対する練達性についての学としてしかみなされないときには、その学の意図を学校概念にしたがって規定する。

――カント『純粋理性批判』原佑訳、平凡社ライブラリー、下巻、二〇〇五年、一六〇―一六三頁。傍点による強調は原文。

「哲学」と「哲学すること」の違い

國分　冒頭の一文「それゆえ、すべての理性の学（アプリオリな）のうちで学習されうるのは数学だけであって、しかし哲学（それが歴史学的なものでないかぎり）はけっして学習されえず、理性に関して言えば、たかだか哲学することだけが学習されうるにすぎない」ですでに非常に重要なことが言われています。

カントは「歴史学的」な哲学ではない哲学、すなわち「ザ・哲学」のようなものはけっして学習されえないと言っているわけです。歴史学的な哲学を学ぶというのは、プラトンの哲学とかトマス・アクィナスの哲学とかデカルトの哲学などといった、誰それの哲学をまさしく哲学史の一コマとして勉強するということです。

それに続けて「理性に関して言えば、たかだか哲学することだけが学習されうるにすぎない」とありますね。ここはしばしば「哲学を学ぶことはできない。哲学することを学びうるだけである」というカントの名言として引かれる箇所で、インターネットでもよく目にしますが、このような引用の仕方では、この一節で説かれている哲学史を学ぶ意義についてのカントの主張がないがしろにされてしまっているように感じます。

――たしかによく見かけますね。たいていは、哲学は受動的に学ぶことはできず、自分で主体的に考えることを学ぶことができるだけだ、といった意味で解釈されている気がします。

國分　このようにパラフレーズしてしまうと、哲学史を学ぶ意義がないがしろにされてしまうだけでなく、「哲学すること」もまた曖昧になってしまいます。

カントはすこし後で、「人が学習しうるのは哲学することだけである。言いかえれば、理性の普遍的な諸原理を遵守しつつ或る種の現存する試みに即して理性の才能を鍛錬することだけである」（傍線引用者）と説明していますね。

「或る種の現存する試み」とは、これまでに哲学史の中でそれぞれの哲学者が試みてきたことですから、カントの言う「人が学習しうるのは哲学することだけである」とは、一人ひとりが、諸々の哲学体系を勉強しながら、自分の理性的な才能を磨きあげていくことだとわかります。

少し戻って第二段落を初めから読んでみましょう。ここは「哲学」とは何なのかをカントが説明していく箇所です。まず、「あらゆる哲学的認識の体系が哲学である」とあります。これだけだと、わかったようなわからないような感じですが、続く「哲学が、哲学することのすべての試みを判定する原型と解されるときには」という箇所を読むとその意味するところが見えてきます。

先ほど仮に「ザ・哲学」と僕が呼んだものが、ここでは、「哲学することのすべての試みを判定する原型」と書いてある。つまり、一人ひとりが自分の知性を磨きあげていくときに、「これでいいのかな?」「この方向で間違っていないかな?」という疑問に対して判定を下してくれる「原型」が、ザ・哲学として想定されているわけです。

ザ・哲学がそういうものだとしたら、それはこれまでに試みられてきた諸々の哲学体系についても、判定を下してくれるものであるはずです。「哲学は客観的な意味のものでなければならず、この原型はあらゆる主観的哲学を判定するのに役立つべきであるが……」とありますが、主観的哲学と呼ばれているのは、スピノザがこう言っているとか、デカルトはこう言っているなどといったことです。ここで想定されているザ・哲学は客観的な意味を持った原型であるから、各々の主観が試みてきたさまざまな哲学体系についての判定を下すことができるはずであるというわけです。

スピノザの哲学、デカルトの哲学といった「主観的哲学の構造はしばしばきわめて多様であり、きわめて変化しやすい」。続く一節は、実にカント的です。

かくして哲学は、どこにも具体的には与えられていない可能的な学という一つのたんなる理念であるが、長いこと、人は種々さまざまな道をたどってそうして理念に近づこうと努めるのである。（傍線引用者）

カントはここで想定されているザ・哲学はあくまでも理念であると言っています。理念に過ぎないのだから、どこかに存在しているわけではない。存在しているのは、「或る種の現存する試み」、さまざまな「主観的哲学」だけです。しかし、そうした試みに即して、私たちは理念としての哲学に近づこうと努力することができる。

その後も同じことが、「原型」と「模型」という対比を通じて語られています。私たちは主観的哲学という模型はたくさん持っている。それらの模型をなんとか原型としての哲学に近づけていこうと試みることができる。「ついにはその結果、感性のせいでひどく雑草の生い茂った唯一の小径が見いだされ、これまで失敗してきた模型を、人間に許されているかぎり、原型に等しくすることが成功するにいたるのである」。

「感性のせいでひどく雑草の生い茂った」という箇所もカント的と言うべきでしょうか。人間は理性的存在者ですが、理性には内的な制約はもちろんのこと、外部からもさまざまな制約が課されている。それが「雑草の生い茂った」という物言いの意味するところでしょう。

ここまで読み進めると、「そのときにいたるまでは人はいかなる哲学をも学習することはできない」という一節もよく理解できますね。

——哲学は理念であり原型だから、それを学習することはできないということですね。

國分　そうです。ここに、先ほど先回りして引用した「哲学する」ことの説明が行われる箇所が現れます。哲学はどこにもない。でも、それを原型として想定して、原型に向かって鍛錬していくことはできるし、その試みはさまざまな主観的哲学という形態で、模型として私たちの手元に届けられている。

しかもカントは続けてこう言っています。

……それにもかかわらず、そうした現存の試み自身をその源泉において探究して、確証し、あるいは拒否する理性の権利は、つねに保留されている。（傍線引用者）

ここも読んでいてシビれるところですね。私たちはプラトンの哲学とかデカルトの哲学など、現存する試みを学んでいく。その際、それを事細かに検証して、「この哲学はおかしい」とわかったら常にそれを拒否する権利を持っているというわけです。世間に受け入れられている哲学の試みだからそれを受け入れなければならないわけではない。たとえば、教会が公式に認めているスコラ哲学だからこれを認めなければならないなどということはない。私たちは模型を受け入れたり、拒否したりする権利を持っている。その判断力も現存する試みに即して訓練されていくことなのでしょう。

「哲学者である」こと、「哲学者になる」こと

國分　次の段落に入りましょう。

「しかし、そのときにいたるまでは哲学という概念は、一つの学校概念にすぎない」も実

に面白い一節ですね。学校概念ですよ。これは世界概念との対比で用いられています。学校概念とは、一つの体系的統一性は持っているが、それ以上のものではないもののことです。それに対して世界概念は注にあるように、「あらゆる人々が必然的に関心を抱くものにかかわるような概念」です。世界にある無数の事象、人間が関心を抱かざるをえない諸々の事象に関わる概念、思い切りざっくばらんに言い換えてしまえば、世俗的問題や人生の悩みに関わることのできる概念と言っていいでしょう。

「この世界概念は、哲学という名称の根底にいつでも置かれていた」。つまり、ザ・哲学という原型が想定されるにあたっては、常に哲学に対するそのような期待があったわけです。たとえば今でも、煩雑で無用な議論をしているさまを軽蔑的に形容して「スコラ的」などと言いますが、世界概念というのはその正反対を指していると考えればよいでしょう。

しかしここでカントの強い戒《いまし》めが入ります。哲学者なる理想が一つの原型として表象されたとき、世界概念がとりわけ哲学と結びつけられる。世界概念が「人格化され」るという言い回しも読まれます。ここで忘れてはならないのは、ザ・哲学に対してそのような期待があるのは当然であるけれども、そのような原型としての哲学はどこにも存在していないということです。

つまり、世界概念を人格化して「哲学者」なる人物像を作り出したとして、自らがその「哲学者」であると自称することは端的に誤りである。確かに原型は人間の理性のうちにひそんでいるけれども、その原型と自分が同等であるというのは「僭称」であり、「きわめて思いあがったことであると言わなければならない」。

もし本当に「哲学者」が存在していたとしたら、その人物は「理性技術者ではなく、人間的理性の立法者である」はずです。つまり、単に理性的な学問体系を身に付けただけでなく、哲学という原型にアプローチすることができる、「人間的理性の立法者」であるはずです。しかし世界概念としての期待に応えることのできる原型としての哲学というのはあくまでも理念にすぎない。そのことを忘れてはならないというわけです。

ここは僕が大好きな一節です。そして「哲学者」という名称については、一方でカントに賛同しつつも、こんなふうに考えています。

僕は自分のことを「哲学の教員」だと思っているので、そう自称しています。紹介文に「哲学者」と書かれることを受け入れたことは何度もありますが、自分からそう名乗ったことはありません。カントのこの一節を昔から知っていたわけではありませんが、同じような考えを持っていた。だからこそ、この一節を読んだとき、「カント先生、そうですよね！」という納得感を得たのです。

しかし他方で、こんなふうにも思います。人が何らかの問題を突き詰めて考えるときに、「哲学者になる」と呼ぶ他ないような瞬間があると思うんです。ドゥルーズ的に言えば、〈哲学者への生成変化〉ですね。ソクラテスが「私は何もわかっていないのだが……」と言って問答を始めるときにも、ソクラテスの〈哲学者への生成変化〉があったのではないだろうか。

ソクラテスだって、ポリスの政治に関わったり、戦争に行ったりしていて、いつも哲学していたわけではない。その意味で「ソクラテスは哲学者である」というより、「ソクラテスが哲学者になる」場面が何度もあったと考えるべきではないか。そして、それはどんな人にも訪れる可能性のあることではないでしょうか。そのとき、人はカントの言う原型に普段よりもすこし近づいているのかもしれない。

哲学史は思考を鍛錬する「修行の場」である

これでだいたい重要なところは言えたと思います。以上を踏まえると、哲学史を勉強することはこういうふうに考えられると思うんです。

カントの言うように、すべての思考を導き得るようなザ・哲学というものは、誰も見たことがないし、どこにも存在していません。でも、それに向かっていろんな哲学者が試行錯誤を繰り返してきたわけです。そういう模型を学んで、一つひとつの試みについて自分なりに「これはいいと思う」とか「ここは間違っているんじゃないか」と判断しながら、一人ひとりが考える力を訓練していく。そういう修行の場が哲学史ではないでしょうか。

僕は「修行」という言葉が好きです。授業でもよく「勉強は修行です」と言います。哲学史という場で修行をしながら、鍛錬の仕方を学んでいくわけです。

——カントの言葉に感銘を受けながら聞いていました。哲学史は「修行の場」というイメージもしっくりきます。じゃあ、そこでどういう鍛錬をするのかという点について、もう少し説明していただけますか。

國分　僕自身はドゥルーズの影響を大きく受けているので、「哲学とは概念の創造である」という彼の定義を手がかりにして、鍛錬のイメージを考えてみたいと思います。

概念の創造というのは非常に限られた場面で、いくつもの偶然や状況が重なって起こることだと思います。デカルトはコギトという概念を創造したと思いますし、ドゥルーズもそう言っていますが、あれは歴史上のあの地点にデカルトがいたからできたことです。というか、起こったことです。ですから、概念の創造というのはやろうと思ってできることではありません。

それに対し、概念の適切な扱い方は鍛錬によって身につけることができます。実際、大学で教えていると、最初の学期を終える頃、新入生だった学生が、授業やゼミで学んだ概念を見事に使いこなして現実や社会を分析できるようになっている場面に何度も立ち会います。

たとえばスピノザの「コナトゥス」という概念を教えたとしても、最初は「スピノザがそういうことを言ってる」くらいにしか思わない。だけどそれを用いて思考する鍛錬を続けていくと、この概念を使ってさまざまな現象を考えることができるようになっていくんですね。

スピノザの『エチカ』には自死に言及した箇所があります。自分のコナトゥスが外部の原因に完全に支配される状態になると、コナトゥスが維持できなくなって、自死に追い込まれる。こういう説明を読んで、「スピノザは自死についてこう考えている」とか「スピノザの自死についての考えは何々説である」などと言っているだけの段階では、単に頭に説明が入っただけにすぎません。しかし、自分でコナトゥスの概念から自死の概念を導き出せるようになると、このテクストがそれまでとは違うリアリティをもって現れてきて、現実を見る目が変わってきます。こういう過程を繰り返していくと、スピノザから離れても自分なりに概念を使えるようになっていく。他の哲学者たちの概念もうまく使えるようになっていく。

哲学史という修行の場で行われる鍛錬の一つは、哲学者が使う概念を自分でうまく扱えるようになるということだと思います。

——一方で、哲学史以外の場で、鍛錬や修行をすることもできるんじゃないかと思うんですが。

國分　たとえば現下さまざまな場で実践されている哲学対話や哲学プラクティスといった活動があります。こうした機会を通じて考える力を身に付けることが、実はソクラテスが目指していたことだという考え方がありえます。これについては河野哲也先生が、僕も登壇したとあるシンポジウムで大変興味深いことをおっしゃっていました（明治大学文学部心理社会学科「哲学専攻」発足記念シンポジウム「なぜ、今、哲学なのか——発言する哲学、越境する哲学」、二〇一八年四月一四日開催。「発言する哲学」登壇者＝河野哲也、國分功一郎、宮﨑裕助、池田喬、坂本邦暢）。

ソクラテスの弟子筋にはプラトン派とそれ以外の学派があって、前者を大ソクラテス派、後者を小ソクラテス派と言います。小ソクラテス学派ではアンティステネスに始まり、シノペのディオゲネスに受け継がれるキュニコス派が有名です。河野先生は、プラトン派はソクラテスの精神を受け継いでいないのであって、ディオゲネスのように社会的な既成の価値を疑った人物たちにこそソクラテスの精神が受け継がれており、哲学対話や哲学プラクティスはこの伝統に根ざすものだとおっしゃった。

しばしば哲学史に背を向けるものとして思い描かれる哲学対話や哲学プラクティスを、むしろ哲学史に根ざす仕方で定義しようとする非常に興味深い指摘です。僕自身は自分が強烈にプラトン派であると感じていますけれども、こういうかたちでのプラトン派への挑戦は心から歓迎すべきものであり、とてもワクワクしました。また、ここでも哲学史上の知識が大いに役立っていることにも注目したいと思います。

――ディオゲネスは虚飾を嫌って、ソクラテスの生き方を実践することを重視した哲学者ですよね。プラトンから連なる大ソクラテス派は理論派、ディオゲネスを範とする小ソクラテス派は実践重視という感じです。で、國分さんはプラトン派だと（笑）。

國分　僕はプラトンの研究者ではありませんが、プラトンは大好きですしね。僕が大切だと思うのは、大ソクラテス派と小ソクラテス派の拮抗です。やはり哲学の世界では大ソクラテス派が強いわけです。小ソクラテス派からすれば、彼らは実践の伴わない頭でっかちな勉強しかしていないように見える。それに対して大ソクラテス派は「そうじゃないんだ」と堂々と反論できるようにならなきゃいけない。そうやって切磋琢磨できる緊張関係があることが、哲学の世界には必要だと思うんですね。

少なくとも日本の哲学はこれまで、大学のなかにしか生きていく場をつくってこなかった。これは大いに反省が求められます。学問的な制度を大事にしてきたと言えば聞こえはいいけれども、それ以外の場所からのジャッジメントを逃れて、のうのうと暮らしてきた面は否定できないのではなかろうか。だから河野先生のように小ソクラテス派の精神をもって行われる挑戦をきちんと受け止めながら、大ソクラテス派としての主張をしっかりと打ち出すことが、健全な哲学環境をつくり出す鍵だと思います。

先生を探す

――國分さん自身は、スピノザやドゥルーズ以外の哲学者たちをどういうふうに学んできたんですか。

國分　「まずはこの人の見方でとりあえず勉強してみよう」ということを繰り返してきました。ある研究者・哲学者の見方にどっぷりと浸《つ》かって、そこから研究対象をひたすら読み込む。その後で別の見方も試してみる。一つの偏った見方を徹底的に身に付けてから、今度は別の偏った見方に移動する。そういうイメージでしょうか。

なかでもドゥルーズの物の見方には決定的に影響を受けました。デカルト、スピノザ、ライプニッツといった一七世紀の哲学者たちもドゥルーズ経由で読みましたし、カントもそうですね。

ただし、移動するといっても、なかなか別の見方に移動するのは難しいですね。スピノザについては最近出した『スピノザ――読む人の肖像』で、やっと少しだけドゥルーズとは違う見方でスピノザを読めたかもしれないと思っています。

あと、僕は古代ギリシア哲学にも強い関心を持っています。専門家の方々には怒られるかもしれませんが、これに関してはアーレントとハイデガーから多くを学びました。彼らの言うことを妄信しているわけではありませんが、まずは彼らの見方に一度どっぷり浸かろうとしたのです。彼らは実によい導き手になってくれました。

たとえばハイデガーがヘラクレイトスの断片を精緻に読み解いているのを知ると、ヘラクレイトス自体に興味が湧いてくるじゃないですか。さらにその前にパルメニデスがいるんだとか。そうやって原典にあたり、そして別の研究書に手を伸ばしていくという感じです。

——ハイデガーが案内人になってくれるわけですね。他の時代ではどうですか。

國分　ドゥルーズ、フーコー、デリダについては、柄谷行人《からたにこうじん》の存在が大きかったと思いますね。ズバリと問題を抉《えぐ》り出す手付きは柄谷さんから教えてもらった感じがします。

過去の哲学者の見方や読み方は、先生に教えてもらうのが非常に大事ですね。先生になってくれる人はもちろん生きていなくてもいいんです。僕自身、そういうことを繰り返して、少しずつ見取り図をつくってきたという感覚があります。

——國分さんにとって、ドゥルーズは非常に優れた導き手だったんですね。

國分　ほんとうに優れた先生でしたね。あとデリダからも、フランス留学時代に四年間も授業に通って、非常に大きな影響を受けました。

デリダの場合、哲学史を学ぶことでこんなにも面白いことができるのかという感激がありました。彼の頭のなかには無数の引き出しがあって、扱っているテーマに関わる概念を縦横無尽に取り出して関連付けていく。『獣と主権者』（全二巻、白水社）のような講義録は若い人に読んでもらいたいです。「ここでこれを持ってくるのか！」と感動します。ただ、それは単なる知識じゃなくて、やっぱり概念を身に付けているからできるんですよ。身に付けた概念を使って、ある問題に取り組む姿がほんとうにシビれましたね。デリダは、僕にとっては先生というより、カッコいい先輩みたいな存在でした（笑）。ドゥルーズは一九九五年に死んでいるので、直接授業は受けていません。でも僕は、『アベセデール』というインタビュー映像を日本でDVD化するときに字幕監修を担当したんです。だからドゥルーズの話す姿を、飽きるぐらい何回も見ました。その経験からも言えますが、喋《しゃべ》り方がわかると、テクストの理解が全然変わってくるんですね。

デリダに関してもそうでした。日本にいるときはごちゃごちゃと言葉遊びをしながら、不必要に複雑な議論をしている人というイメージでそんなに関心もなかった。でも、授業に出てデリダの喋り方を知った途端、彼のテクストが読めるようになった。

デリダはほんとうに明晰です。説明しようとしていることが複雑なのであって、彼がわざと複雑にしているのではない。煙《けむ》に巻くようなところもまったくない。そのあたりを理解していないでデリダのスタイルだけに影響をうけた人たちが当時はたくさんいました。僕はそういう人たちの議論の仕方を見てうんざりしていただけで、デリダ本人はそうじゃないとわかった。

またデリダのテクストが彼の喋り方のリズムと密接なつながりを持っていることもわかりました。彼の息づかいがわかると、デリダのテクストはとても生き生きしたものとしてすらすら読めるようになった。喋り言葉や生き生きしたものを徹底的に批判したのがデリダですから、ちょっと変な話かもしれませんが（笑）。

――テクストにも声や喋り方がどこか反映しているんですね。

國分 そう思いますね。死んだ哲学者の実際の声を聞くことはできませんけれども、彼らの声や喋り方を想像してみるというのも面白いと思います。たとえば、デカルトはどのように話していたのか。何となく早口っぽい感じがしますが、どうでしょう。スピノザは声が大きかったのではないか。

カントの先ほどのテクストを読むと、「哲学は学べません」と顔色一つ変えずに滔々《とうとう》と話す面白いおじさんの姿が目に浮かぶ（笑）。そうやって想像しながらカントを読んでいたら、思わず笑ってしまいますね。

――声や喋り方を想像してみるというのは面白いですね！

國分 これは単に僕のやり方にすぎませんが、声や喋り方を想像してみることで、テクストの理解が促進されることはあるんじゃなかろうか。

勉強のネットワークを持つ

――とはいえ、哲学のテクストって難しいものも多いと思うんです。難解なテクストと付き合うコツのようなものはありますか。

國分　まず、わからないことがあったら、書き方の側に問題がある可能性を考慮したほうがいいということがあります。明らかに書き手が悪い場合があります。あとよくあるパターンだと、翻訳が悪いということもあります。だから、わからなくてもまずは自分を責めない、また諦めないこと。著者のせいにすることは大切です。著者のせいにしたうえでいろいろ調べてみる。

その際、僕が実践的なアドバイスとして言いたいのは、「人に聞く」ですね。すべてを自分一人で解決しようとすると無理がある。わからない点があれば、まずは友だちに聞く。すぐメールする。すぐ電話する。もちろん先生に聞いてもいい。僕なんかはよく自分が指導する大学院生にも教えてもらっています。最近の動向なんかは若い人のほうがよく知っていますしね。だから、わからないことを聞ける知人のネットワークを持つことは勉強するうえでとても大事なことです。

プロの研究者だって、本のあとがきに、専門家にチェックしたり読んでもらったりしたことへの謝辞がよく書いてあるじゃないですか。つまり、専門家も他人の助けを借りているんです。

あと調べ物も聞いたほうが早い。今はネットで検索できるけれども、そうすると参考文献や論文があまりにもたくさん見つかってしまう。それに全部目を通していたら、もう元に戻ってこられないし、ただ延々とＰＤＦファイルが増えていく。

――耳が痛いです（笑）。ひどいときは、何を調べようとしていたかも見失ってしまったりして……。

國分　その点、友達に電話して、「これ知ってる？」と聞けば、適切な取捨選択をして「それ、○○だよ」と教えてくれて終わりですね。だから、人に聞くのがもっとも効率がいい。こうした交流はもちろん、考えを交換し合い、互いに考えを深めていくためのネットワークづくりにつながっていきます。その副産物も貴重です。

――教えてもらう、一緒に読むという意味では、読書会はどうでしょうか。

國分　僕の学生時代は、はっきり言って読書会三昧《ざんまい》でした。読書会でしか勉強してないと言っても過言ではないですね。授業には出席せずに、読書会で勉強していた。勉強会のサークルに入っていたんですが、最初にプラトンを読んだのも『資本論』を読んだのもそのサークルでした。

読書会をすると、レジュメ担当が回ってくるから、いやがおうにも読まなきゃいけない。みんなで読んでいるから、一人だけ抜け出すのも悪くて抜けられない。参加しているメンバーからいろいろな読みを教えてもらえるのもほんとうに大きいです。哲学史というか、過去の哲学書を読むんだったら、読書会がいちばんお勧めですね。

とはいえ、哲学史という「修行の場」に赴くにあたっては、孤独にテクストに向き合わねばならない時間が必ずあります。すると、苦しい時も必ずあります。その苦しさをうまく勉強のネットワークで緩和していくというふうに考えたらよいと思います。このシリーズに登場された先生方の語り口もまた、孤独にテクストに向き合う際の苦しさを緩和してくれるはずです。この三冊の本が、読者の皆さんにとって、哲学史の修行を開始する一歩になることを願っています。

関連年表

——西暦1800年代–現在

西暦	出来事
1800	ナポレオンが皇帝となる（1804）
	イギリスでラッダイト運動が起こる（1811）
	米英戦争（1812－15）
1820	ギリシア独立戦争（1821－29）
	フランスで七月革命（1830）
1840	アヘン戦争（1840－42）
	フランスで二月革命（1848）
	ドイツで三月革命（1848）
	ロンドン万国博覧会（1851）

主な哲学者、思想家

1818 マルクス
1838 マッハ
1838 ブレンターノ
1840 リープマン
1844 ニーチェ
1848 フレーゲ

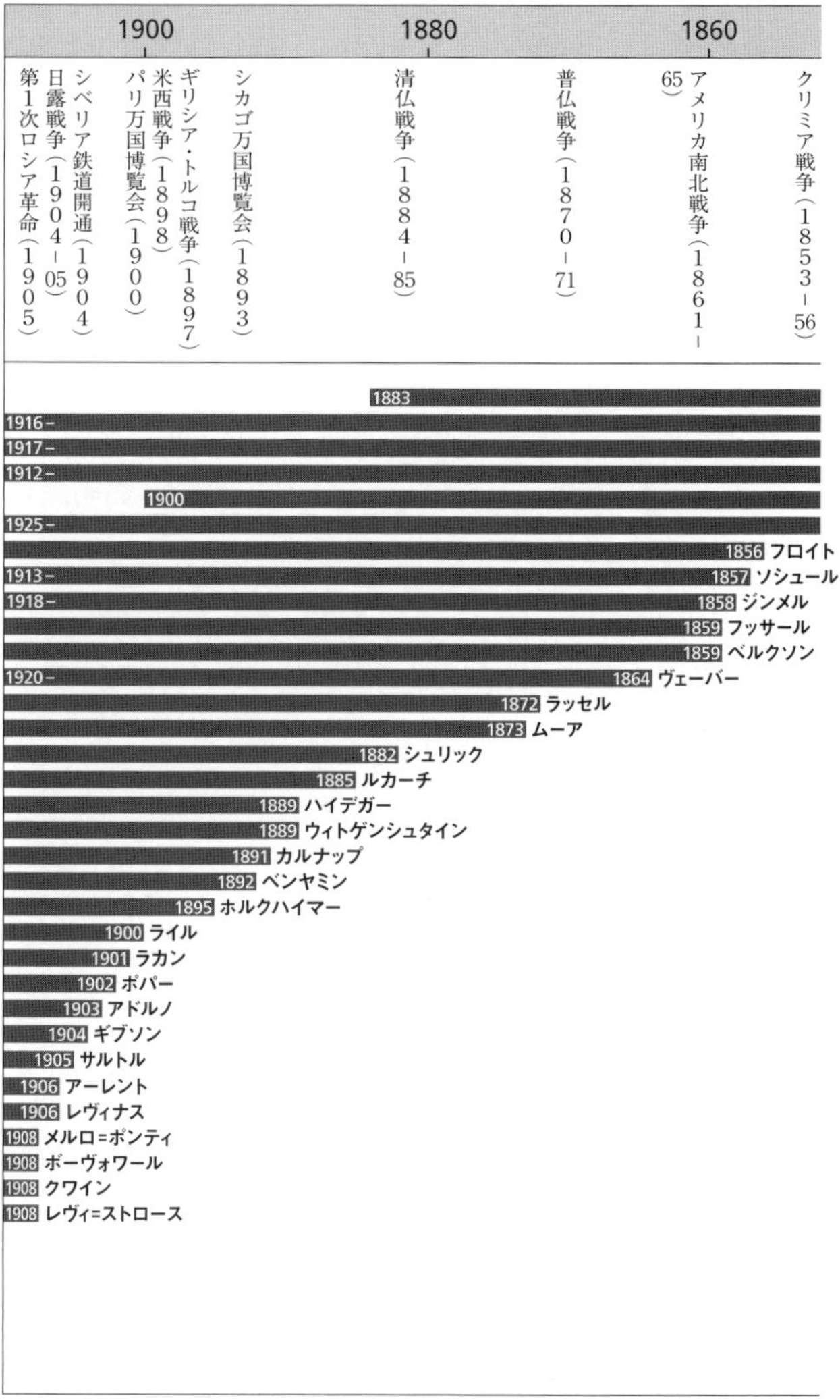
1900
1880
1860
クリミア戦争（1853－56）
アメリカ南北戦争（1861－65）
普仏戦争（1870－71）
清仏戦争（1884－85）
シカゴ万国博覧会（1893）
ギリシア・トルコ戦争（1897）
米西戦争（1898）
パリ万国博覧会（1900）
シベリア鉄道開通（1904）
日露戦争（1904－05）
第1次ロシア革命（1905）
1883
1916－
1917－
1912－
1900
1925－
1856 フロイト
1913－ 1857 ソシュール
1918－ 1858 ジンメル
1859 フッサール
1859 ベルクソン
1920－ 1864 ヴェーバー
1872 ラッセル
1873 ムーア
1882 シュリック
1885 ルカーチ
1889 ハイデガー
1889 ウィトゲンシュタイン
1891 カルナップ
1892 ベンヤミン
1895 ホルクハイマー
1900 ライル
1901 ラカン
1902 ポパー
1903 アドルノ
1904 ギブソン
1905 サルトル
1906 アーレント
1906 レヴィナス
1908 メルロ=ポンティ
1908 ボーヴォワール
1908 クワイン
1908 レヴィ=ストロース

西暦	1920	1940	1960

出来事

イタリア・トルコ戦争（1911－12）
第1次バルカン戦争（1912－13）
第1次世界大戦（1914－18）
第2次ロシア革命（1917）
国際連盟発足（1920）
社会研究所発足（1923）
世界大恐慌（1929）
ベルリン・オリンピック（1936）
スペイン内戦（1936－39）
第2次世界大戦（1939－45）
日独伊三国同盟（1940）
ドイツ無条件降伏／ポツダム宣言（1945）
パレスティナ戦争（1948－49）
朝鮮戦争（1950－53）
ベトナム戦争（1955－75）
ヨーロッパ経済共同体（EEC）発足（1958）
キューバ革命（1959）
キューバ危機（1962）
ケネディ大統領暗殺（1963）
文化大革命（1966－76）

主な哲学者、思想家

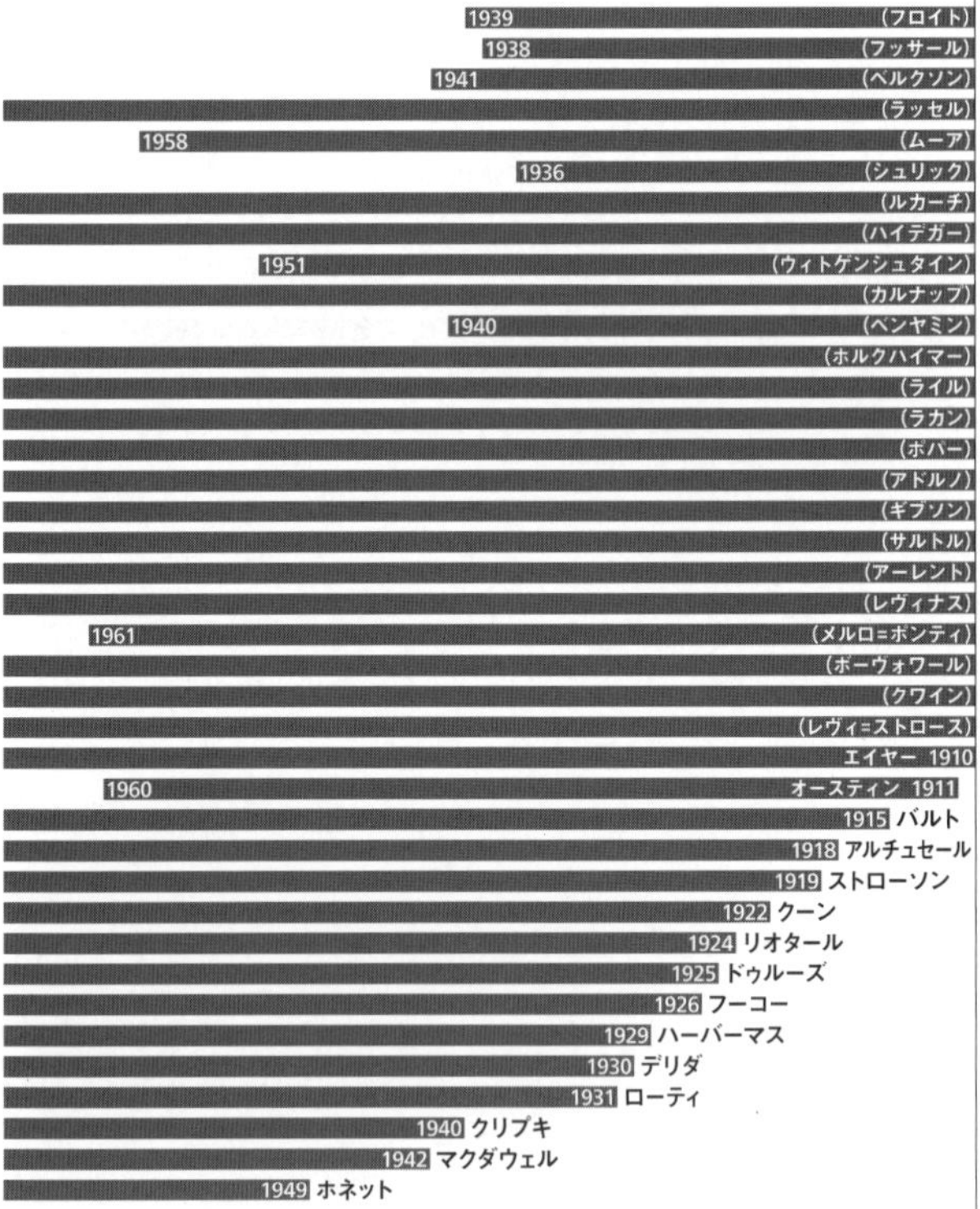

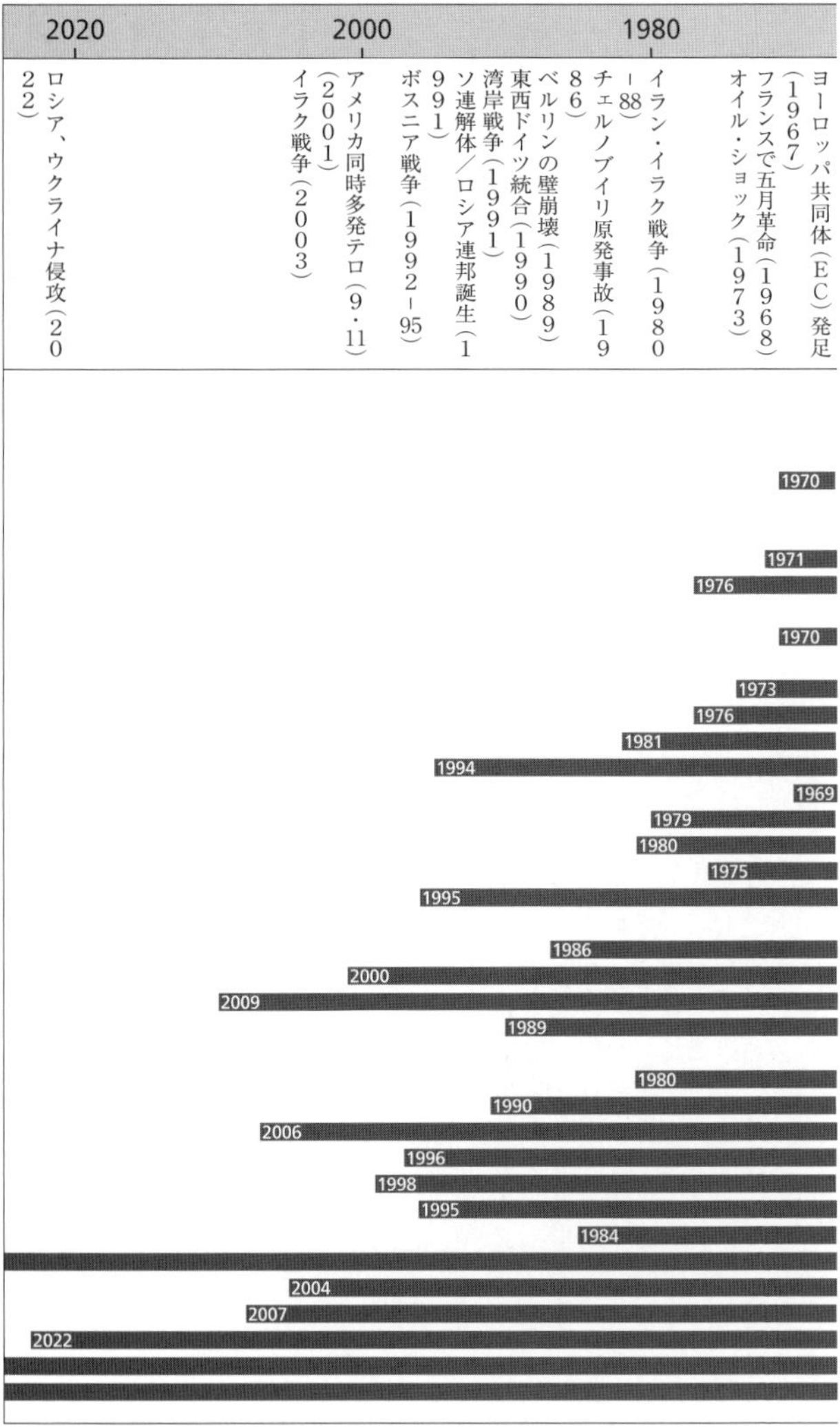
2020
2000
1980
ヨーロッパ共同体（EC）発足（1967）
フランスで五月革命（1968）
オイル・ショック（1973）
イラン・イラク戦争（1980－88）
チェルノブイリ原発事故（1986）
ベルリンの壁崩壊（1989）
東西ドイツ統合（1990）
湾岸戦争（1991）
ソ連解体／ロシア連邦誕生（1991）
ボスニア戦争（1992－95）
アメリカ同時多発テロ（9・11）（2001）
イラク戦争（2003）
ロシア、ウクライナ侵攻（2022）
1970
1971
1976
1970
1973
1976
1981
1994
1969
1979
1980
1975
1995
1986
2000
2009
1989
1980
1990
2006
1996
1998
1995
1984
2004
2007
2022

西暦	関連書籍
1800	カント『純粋理性批判』（1781）
1820	
1840	マルクス『経済学・哲学草稿』（1844） マルクス／エンゲルス『ドイツ・イデオロギー』（1845-46） マルクス／エンゲルス『共産党宣言』（1848）

西暦	関連書籍
1920	フッサール『イデーンⅠ』（1913） フロイト『精神分析入門講義』（1916-17） ソシュール『一般言語学講義』（1916） ウィトゲンシュタイン『論理哲学論考』（1922） ルカーチ『歴史と階級意識』（1923） ヴェーバー『一般社会経済史要論』（1924） ハイデガー『存在と時間』（1927） ベンヤミン『パサージュ論』（1927-40） ベンヤミン『ドイツ悲劇の根源』（1928） ホルクハイマー『市民的歴史哲学の起源』（1930） シュリック『倫理学の諸問題』（1930） フッサール『デカルト的省察』（1931） ラッセル『宗教から科学へ』（1935） エイヤー『言語・真理・論理』（1936）
1940	サルトル『想像力の問題』（1940） フロム『自由からの逃走』（1941） サルトル『存在と無』（1943） メルロ＝ポンティ『知覚の現象学』（1945） カルナップ『意味と必然性』（1947） ホルクハイマー／アドルノ『啓蒙の弁証法』（1947） アーレント『全体主義の起源』（1951） クワイン「経験主義の二つのドグマ」（1951） ウィトゲンシュタイン『哲学探究』（1953） アーレント『人間の条件』（1958）
1960	クワイン『ことばと対象』（1960） フーコー『狂気の歴史』（1961） レヴィナス『全体性と無限』（1961） クーン『科学革命の構造』（1962）

1860 1880 1900

マルクス『経済学批判』（1859）
マルクス『資本論』第1巻（1867）
ニーチェ『悲劇の誕生』（1872）
フレーゲ『概念記法』（1879）
ニーチェ『ツァラトゥストラはこう語った』（1883-85）
マッハ『力学の発達』（1883）
マルクス『資本論』第2巻（1885）
ニーチェ『善悪の彼岸』（1886）
マッハ『感覚の分析』（1886）
ニーチェ『道徳の系譜学』（1887）
フッサール『算術の哲学』（1891）
マルクス『資本論』第3巻（1894）
ベルクソン『物質と記憶』（1896）
マッハ『熱学の諸原理』（1896）
フッサール『論理学研究』（1900-01）
ジンメル『貨幣の哲学』（1900）
フロイト『夢解釈』（1900）
フロイト『日常生活の精神病理学』（1901）
ニーチェ『力への意志』（1901）
ラッセル『数学の原理』（1903）
ヴェーバー「プロテスタンティズムの倫理と資本主義の精神」（1904-05）

1980 2000 2020

ハーバーマス『公共性の構造転換』（1962）
レヴィ＝ストロース『野生の思考』（1962）
チョムスキー『文法理論の諸相』（1965）
アドルノ『否定弁証法』（1966）
ホルクハイマー『道具的理性批判』（1967）
デリダ『エクリチュールと差異』（1967）
ドゥルーズ『差異と反復』（1968）
ロールズ『正義論』（1971）
ドゥルーズ＝ガタリ『アンチ・オイディプス』（1972）
フーコー『監獄の誕生』（1975）
フーコー『性の歴史 1 知への意志』（1976）
リオタール『ポストモダンの条件』（1979）
ドゥルーズ＝ガタリ『千のプラトー』（1980）
クリプキ『名指しと必然性』（1980）
ハーバーマス『コミュニケーション的行為の理論』（1981）
ローティ『偶然性・アイロニー・連帯』（1989）
ホネット『承認をめぐる闘争』（1992）
ホネット『自由の権利』（2011）

おわりに

やっとシリーズ最終巻までたどり着くことができた。

じつは巻の章構成で、いちばん頭を悩ませたのが本巻である。読めばおわかりのように、本巻では、教科書では定番の実存主義や生の哲学、解釈学、プラグマティズムなどは取り上げることができなかった。誤解しないでいただきたいが、それは決して、これらの思潮が重要ではないということではない。「○○が入ってない」「□□がちょっとしか触れられていない」というご批判は甘んじて受けるしかないけれど、悩みに悩んだ末の構成であることは、ここでお伝えしておきたい。

前二巻と同様、本巻も贅沢な一冊になった。尊敬する先輩編集者は、本シリーズに登場いただいた顔ぶれを見て「最高のメンバーだね」と語ってくれた。本巻に力を貸してくださった谷徹さん、飯田隆さん、清家竜介さん、宮﨑裕助さん、國分功一郎さん、本当にありがとうございました。すべてのインタビューが格別に楽しい時間でした。

この『哲学史入門』は、二〇二四年四月に第一巻が、五月に第二巻がすでに発売されている。第一巻は古代ギリシア哲学、中世哲学、ルネサンス哲学を、第二巻では近世・近代の哲学を取り上げている。「入門」と銘打ってはいるが、中身は「本格」である。本格なのに面白いのではなく、本格だから面白いことを、このシリーズではお伝えしたかった。既刊二冊とあわせて、ぜひ三冊を完走してほしい。

本シリーズは、大場旦さん、山北健司さん、倉園哲さん、田中遼さんというＮＨＫ出版四人の編集者に担当いただいた。四人とは、これまで一緒にたくさんの本や記事をつくってきた。原稿の編集はもとより、企画のブラッシュアップやインタビューの依頼、進行管理まで、長期間にわたってサポートしてくれたことに心から感謝したい。また、三巻にわたって素敵なカバーイラストを描いてくださった市村譲さんにもお礼を申し上げたい。

読者のみなさんと、またどこかでお目にかかれますように。

二〇二四年五月吉日

斎藤哲也

斎藤哲也 さいとう・てつや

1971年生まれ。人文ライター。
東京大学文学部哲学科卒業。
人文思想系を中心に、
知の橋渡しとなる書籍の編集・構成を数多く手がける。
著書に『試験に出る哲学――「センター試験」で西洋思想に入門する』
『もっと試験に出る哲学――「入試問題」で東洋思想に入門する』
『試験に出る現代思想』(NHK出版新書)、
『読解 評論文キーワード 改訂版』(筑摩書房)など。
編集・監修に『哲学用語図鑑』『続・哲学用語図鑑
――中国・日本・英米(分析哲学)編』(田中正人著、プレジデント社)、
『現代思想入門』(仲正昌樹ほか著、PHP研究所)など。

NHK出版新書 721

哲学史入門Ⅲ
現象学・分析哲学から現代思想まで

2024年 6月10日 第1刷発行
2024年10月20日 第3刷発行

著者 谷 徹 飯田 隆 清家竜介
宮﨑裕助 國分功一郎 斎藤哲也[編]

発行者 江口貴之

発行所 NHK出版
〒150-0042 東京都渋谷区宇田川町10-3
電話 (0570) 009-321(問い合わせ) (0570) 000-321(注文)
https://www.nhk-book.co.jp (ホームページ)

ブックデザイン albireo

印刷 壮光舎印刷・近代美術

製本 二葉製本

Printed in Japan ISBN978-4-14-088721-9 C0210